國學院大學経済学部編

白熱教室「現代の企業経営」

組織マネジメントのリアル

東京 白桃書房 神田

まえがき

「現代の企業経営」は、「教育の現場化」「教育の現代化」「教育の情報化」を標榜する國學院大學経済学部が開講している経営科目である。いわゆる看板講義の一つであり、学部や学科のパンフレットやオープンキャンパスなど入試広報の段階から内容を紹介し、新入生向けガイダンスでも履修を推奨している。このため、教室収容力の超過が発生し、1000人以上の希望学生に対する事前抽選を経て500人超の受講者が集まる。

この講義は、経営学者ではなく経営者たちが経営学を語り、学生が経営学を学ぶ意欲を高める過程を近距離で実感する。そこには独特の趣があり、臨場感のある重層的効果が認められる。

第一に、講師の体験に基づく経営学だから、もちろん各社、各組織の「ケーススタディ」となるが、加えて経営者の「ライフヒストリー」が入ってくる。第二に、随所に組織で働くということについて学生へのメッセージがあり、「キャリアデザイン」があった。第三に、何よりも、学生が前述の2点により誘発されて質問を直接に経営者にぶつけ、丁寧な回答を得て納得するという非日常のやりとりには、教室内の大きな「共感」があり、実に動態的な講義である。

本書は國學院大學経営学科開設十周年を記念して平成26年度および27年度の「現代の企業経営」から8回分の講義を選定して内容を収録したものである。ただし、講師と学生の質疑応答部分を割愛し、各章にキーワード解説を加えた。キーワードの執筆も経済学部で経営学を専攻する教員（星野広和、宮下雄治、細井長、藤山圭、本田一成）が担当した。

私事になるが、國學院大學着任後11年を経過した者として、経営学科開設後の10年間はほとんど重複するため、感慨深いものがある。各方面のご協力により、本書を上梓することができたことを素直に喜びたい。

ただし、この「現代の企業経営」を担当して3年間を終えたところであるが、実際には喜びばかりでなく、裏側では苦労が多かったことも明記しておかなくてはならない。看板講義であるがゆえに危機感をもった経済学部教務委員会および執行部の意向に応じる形で担当教員として手を挙げさせていただいたという経緯がある。振り返れば、常に講義の再構築に努力を傾けていた。

まず、講義の目的を再定義した。従前の「現代の企業経営」は、経営の現場の実例を示しながら、学生の最新の経営事情への興味や関心を高めることに主眼があったと思われる。確かに、企業の事例や産業構造がわかれば、学生の知識が増えて興味が高まる。言い換えれば、学生に対して経営学を学ぶ「ガソリン」を与えることであった。

これに対して、新しい「現代の企業経営」は、「これから積極的に経営学を学修する」ことの重要性が学生の腑に落ちることを目標に掲げた。いわば経営学を学修する「エンジン」を搭載することである。このため、マーケティングや経営戦略の本質に深く入るために、その背景にある経営者たちの経験や考え方にも関心が広がるよう心がけた。辛口の経営学者たちからは、経営学の招待にはなっていない、との非難がありうることを記しておきたい。

講義の再構築で工夫した点は次の通りである。まず、学生たちに私語を徹底的に禁止した。講義中も都度に注意して静寂を確保したのが事実だが、講義時の開始と終了に「起立、礼、着席」の挨拶を取り入れ、本来講師に対して払うべき敬意を学生に改めて意識させた。その結果か、「他の学生たちがうるさくて講義が聞こえない」「この講義で大学の講義に幻滅した」などの学生意見は皆無となった。

また、講義の双方向性を確保した。例えば、毎回のレポートを課した。講師によっては事前にレポート項目を変更したり、別途アンケート調査を実施したりした。毎回のレポートはすべて複写して講師に届け、その内容を含め講義運営に対するご意見をうかがった。また講義では必ず質問時間をとった。広い教室の中で本当に多くの学生の手が挙がる。それらに、更にどう応えるか、まだまだ工夫の余地があるはずである。

さらに、この講義は、同僚の経済学部教員を巻き込む営みとした。講師の選定と依頼に関する窓口を引き受けてもらうか、あるいは趣旨を理解してもらった上で講義を担当してもらった。とかく独立独歩で他の教員の講義は不可侵とされがちな大学教育の現場にあって、学部同僚とのチームワークに心強さを感じた。

当初から危機感をもっていた尾近裕幸経済学部長はほぼ毎回出席しただけでなく、自ら志願して慣れない窓口教員を担当した。窓口担当をとの私の呼びかけに即応して窓口担当となり講師の編成に参加した経済学部教員（尾近裕幸、根岸毅宏、秦信行、宮下雄治、山本健太、細井長）と、講義の運営を支えてくれた経済学部資料室の小林雅子、藤井瞳、渡邉祥子、本学のＳＡ（スチューデント・アシスタント）たちに感謝する。

また、大学事務局は、懸命に講義を運営している教員集団の姿勢に理解を示し、動画の製作と公開という援護射撃に踏み切った。ダイナミックな内容をもっと実感したいという向きには、國學院大學経済学部のホームページ内の「経営学科開設十周年記念「現代の企業経営」特別授業公開中」にて、本書に収録していない講義を中心に動画を編成しているので、視聴することで講義を体験して欲しい。

講義を構想するにあたり、大企業の経営者たちを並べるのも一手だったが、学生の関心を考慮して多様性を確保することを選んだ。中小企業、シブヤ企業、非営利組織、士業、興業の経営や、足元の國學院大學の経営などに目を配り、一般的な経営学のイメージよりも幅広い講師陣を編成した。また、要所では講義を補完するために、経済学部教員（秦信行、星野広和、高木康順、東海林孝一、中田有祐）による基礎的な内容の講義を投入した。

もちろん、工夫の苦しさだけでなく、楽しさもあった。その一つは、講義開始前に講師やその同行者たちと昼食をとりながら意見交換会を重ねたことである。経営現場のお話や意見交換は、本当に勉強になった。

最後になったが、本書は経営学分野の老舗出版社である白桃書房のご厚意により記念品ではなく経営学の一般書籍として刊行されることとなった。また、國學院大學院友経済会からは出版助成を目的としたご寄付をいただいた。ともに記して深く感謝する。

「渋谷キャンパス」で春を感じながら

國學院大學　経済学部教授・副学部長

本田　一成

目　次

（所属・肩書きは講演当時）

まえがき……i

第1講　ぐるなび物語で経営学を学ぶ
吉田真由美（株式会社ぐるなび執行役員）……001
國學院大學から広告代理店「NKB」へ／ぐるなびの誕生に関わり成長軌道に乗せる／降格／ウエディング事業に挑戦／「行動指針」でスタッフと一緒に
キーワード：超氷河期、産業革命、世帯収入、晩婚化、差別化……024

第2講　SHIBUYA109の経営学
中里研二（SHIBUYA109総支配人）……025
SHIBUYA109とは何か／SCと小売業態／アパレル業界事情とファッション

企業／SHIBUYA109ストーリー／再構築に着手／さらに大転換を目指して
キーワード：SC、オンラインショッピング、MD、インバウンド、オムニチャネル化……049

第3講 非営利組織の経営と「社会を変える」の始め方
横尾俊成（NPO法人グリーンバード代表／東京都港区議会議員）051

学生時代にNPOへ参加した「きっかけ」／NPOで開眼し、博報堂へ／グリーンバードの活動と特色／グリーンバードのマネジメント／「2：6：2の法則」／グリーンバードの「これから」／「社会問題」へ立ち向かえ
キーワード：NPO、ユネスコ、人件費、パレートの法則、介護離職者……075

第4講 プロフェッショナル経営者の体験的経営学
―企業経営とマーケティング―
米田幸正（大王製紙株式会社社外取締役）077

プロ経営者として／企業経営とは何か／マーケティングと「顧客視点」／国際経営の内実／国際事業「現場」の実体験／10年後を考えるために
キーワード：プロフィットシェアリング、フィリップ・コトラー、マーケティング3.0、コモディティ化、東インド会社……103

第5講　感じて、考えて、行動する
―新しい日本のモノづくりに挑むスモールビジネス―
海内美和（海内工業株式会社代表取締役）……105
「感じて」／「考えて」／会社の仕事を探す／精密板金加工とは／スモールビジネスの経営理念と情報発信／SWOT分析で「行動する」／市場を探せ／グループワーク／変革は「小さくて、弱い、遠い」ところから、思い切って
キーワード：事業戦略、経営理念、スモールビジネス、SWOT分析、最低賃金……129

第6講 オウケイウェイヴの誕生と挑戦—グーグルを超える日—
兼元謙任（株式会社オウケイウェイヴ代表取締役社長） 131

「Why」「How」「What」の順に／生い立ち／「色眼鏡」を外せ／オウケイウェイヴの誕生／「Why」で勝つ／Q＆Aで世界に貢献する

キーワード：TED、スティーブ・ジョブズ、戦略と戦術、アルフレッド・アドラー、ビル・ゲイツ……155

第7講 女子プロレス団体の運営とスーパースターへの道
コマンド・ボリショイ（JWP女子プロレス選手代表） 157

女子プロレスラーたちの団体運営／「道場マッチ」継続中／「プロレスラー」になるまで／「コマンド・ボリショイ」の誕生／引退願望から一念発起／今後もチャレンジあるのみ

キーワード：ＪＷＰ女子プロレス、後楽園ホール、児童養護施設、モチベーション、フリーペーパー……181

第8講　國學院大學の経営
佐柳正三（國學院大學常務理事）
中村大介（國學院大學財務部次長）……183

大学経営の基本／組織と計画／健全な財務管理で施設を充実／國學院大學の経営史／身近な数字で「國學院」を知る／学生と距離の近い大学／学生の変化と入学者の現状／格付「ＡＡ」の大学として／一丸となって伸び行く國學院大學

キーワード：法人、円高、ＩＣＴ、格付、ステークホルダー……211

あとがき……213

第1講

ぐるなび物語で経営学を学ぶ

吉田真由美（株式会社ぐるなび執行役員）
肩書きは当時。現在は株式会社吉田矢代表取締役。

國學院大學から広告代理店「NKB」へ

私は１９９５年にこの大学を卒業した國學院大學ＯＧで現在41歳です。私が卒業した時はこんなにきれいで立派な校舎ではなく、とても古い建物でした。当時は、大学内のゴミ箱には「護美箱」と筆字で書いてあるなど、日本語、日本の歴史を大切にする文化に敬意を持っています。施設は古くても、在学中から、この大学のことが大好きで、今もそれは変わりません。

さて、今回、その國學院大學で経済学部の「現代の企業経営」の授業を担当させていただくことになりました。現代の経営、といわれても、私は経営学を専攻していたわけではありませんですが、就職して社会人となり20年弱が経過して会社の役員も経験しました。これまでビジネスの世界でどのように競争して勝ってきたかという経験に基づいて今日はお話ししたいと思います。

まず、私自身の紹介を含めて進行してまいります。私は國學院大學卒業後、広告代理店の株式会社ＮＫＢに入社しました。ＮＫＢは１９９５年当時約２００億円の売上、従業員は１５０人の規模で、駅看板、中吊り広告などのいわゆる交通広告の分野では業界第1位です。社長は現在会長になっている滝久雄氏で、モットーは、「やらなければならないことは、やりたいことにしよう」です。典型的なオーナー会社で、次々に新規事業に挑戦する会社です。

このＮＫＢがぐるなびの事業を始めることになります。まずその前段として、交通広告の会社ですからＪＲをはじめとする電鉄とのつながりが強いことを利用して、駅ナカで情報を扱う事業を行っていました。具体的には東京駅の「銀の鈴広場」などターミナル駅の待ち合わせスポットに「ジョイタッチ」という端末を置き、街の情報を出すことで広告収入を得るというものでした。当時はインターネットもなく、情報更新は各カ所へ人がＣＤ－ＲＯＭで書き換えに行っていた時代です。それらにはコストがかかり、端末だけでは収支が合わず、情報を扱うという点は変えずに、少し業容を広げようと結婚式場の紹介カウンター「ジョイジョイプラザ」を設置し、１９８５年３月から結婚式場の紹介業を開始していました。

結婚式場の情報を駅看板や電車の中吊りで告知し、そのまま駅ナカで結婚するカップルをカウンターへ誘導、さらに結婚式場の下見、成約をしていただくことで紹介料を得るという新規事業でした。この紹介カウンターは旅行代理店を想像してもらうとわかりやすいと思います。

当時はインターネットも「ゼクシィ」もありませんから、結婚を決めたカップルが、カウンターへ出向いて結婚式場を探していたのです。予算がいくらで、希望するエリアがどこで、という要望を聞いていくつかの式場を紹介して下見に行ってもらう。気にいったら結婚式場と契約して実際に式を挙げるとＮＫＢへ料金が入ってくるという仕組みです。

また、この場所は約60坪の広さで、半分の30坪に接客で人間がいるのですが、残りの半分のスペースを無人にして4つのブースを設置し、機械が式場を紹介するシステムを初めて導入しました。そこでは接客を待つカップルや、接客まではいらないが自分で情報を得たい人たちが自分で検索するのです。当時は松下電器の一号機で静止画を見せたり、モニターでビデオテープ映像を流したりしていました。この技術部隊が後のぐるなびの開発へともつながります。

ぐるなびの誕生に関わり成長軌道に乗せる

私は１９９５年に入社したのでこの新規事業はちょうど10年が経過しており、さらに新たな成長をするための模索をしていた時期でした。

そこで滝会長（当時社長）から私を含め新卒へ、新しいビジネスモデルの提案をするよう指令が出ました。ただし、１９９５年といえばバブルがはじけて就職は**超氷河期**といわれた時代でして、新卒といっても同期は男性2人と私の3人だけでした。4月に入社式が終わり、6月まで研修を受け、7月に指令が出て、9月に会長プレゼンというスケジュールでした。

「いきなり新卒に提案させるなんて、なんてユニークな会社なんだろう」と思いながら3人で提案しました。

当時、実は結婚式場とのお取り引きの他に、結婚式二次会の紹介業も運営していました。結婚式はだいたい式が終わってから二次会になるのですが、そのために紹介するレストラン約５００

店とお取り引きがありました。

ところが、結婚式場やホテルなどと同じ仕組みで請求する手数料回収が、飲食店の場合は回収しづらい傾向がありました。簡単にいうとなかなか支払いをしてもらえない。閉店も多い。結婚式に比べて額も小さい。極め付けは紹介してもレストランが独自にカップル側へ割り引く代わりにNKBからの紹介をなかったことにしてしまう事態も実際にはありました。これが二次会紹介事業の悩みの一つでした。

他方で、当時のレストランには、実は広告の出稿先がなかったのです。今あるような「ホットペッパー」もありません。ですから飲食店は「イエローページ」とか「タウンページ」とか電話帳くらいしか広告できなかったのです。あとは何かの取材で雑誌にたまたま紹介されるのを待つばかりです。もちろんテレビCMは大手チェーン店以外の街の小さなレストランでは手が出ません。皆さんが想像している以上に紹介業に頼る時代でした。

その当時の飲食店業界の市場規模は約25兆円弱でした。自動車業界が16兆円でしたから、飲食店は一店一店は小さくても集合すればかなり大きな市場です。しかも広告では誰も手をつけていないに等しい。

飲食店は日本国内に約50万店あり、またバーとかクラブ、キャバクラなどの遊興店も入れると約72万店になります。ぐるなびが市場とみなすのは前者の50万店です。確かに一店ごとになると小さすぎて大変だろうけれど、やってみれば結構面白いのではないかと直感しました。

また飲食店は、芸能人がお店を出したり、野球選手が現役を引退して焼肉店や飲食業を始めたりするくらい、資金があればどこかへ小さなお店を出せる新規参入が非常に容易な業界です。ところが参入も多いが、つぶれてしまうのも非常に多い業界です。おおざっぱにいえば、1年間で50万店のうち1割が閉店し、参入する1割で新しく代わる。ですから、取引があって次回に訪問するともう店がないこともこの事業でよく経験します。

したがって、企業としては相手先としては非常にリスクがあるけれども、そのリスクがあるからこそ競合が手を出しにくいという面があります。誰もやらないなら、やる価値はある。市場規模も申し分ない。

また、もう一つの大きな要因に、新規事業を決断した当時はインターネット元年であったということです。ちょうどウィンドウズ3・0から95へ切り替わった時で、行列をつくってウィンドウズ95を買った時代です。95になってインターネット接続がＰＣに内蔵されているのが標準になったのです。アメリカで普及しているインターネットが日本へ上陸して、大げさにいえば、もう**産業革命**くらいの変革をもたらしました。というのはそれまで膨大な投資がかかるはずの情報発信や受信のための通信コストが大きく低減したからです。

ただし、日本にはまだヤフーもグーグルもなく、日本語検索ができるホームページが少ない。最初は１００、２００くらいから始まり、ようやく１０００、２０００のホームページしかなかったのです。だから、現在のような検索エンジンもなく、早稲田大学が開発した「千里眼」を使ってホームページを検索する古い時代でした。

ですから、メールアドレスも名刺に個人メールアドレスが書いてあるのはまだ珍しく、主に使っていたのは一流企業の上層だけだったと記憶しています。さらに一流企業でも、会社で共通のメールアドレスを使用していたのです。その後個人のメールアドレスを現在のように、名刺に掲載するようになるのは肌感覚ですが、２０００年になってからではないでしょうか。

ＮＫＢではすでに前述のとおり端末開発の経験があり、いかに人力で行う情報更新にコストと手間がかかるかを熟知していました。だからこそ、この新卒たちの提案を、「やる」と決断できたのでしょう。「ネットはこの世界を変えられる。このインターネットが新しいメディアになるかもしれない」。

企画が通ると、これまで人間が紹介してきた５００店舗へ改めて出向き、特徴点は何かを聞いて歩き、電話番号と所在地と写真を掲載してホームページに収録する。１９９６年、こうしてぐるなびが誕生しました。飲食業は一に立地、二に立地。集客のために家賃の高い立地に出店することが最も重要で、しかも認知を広げるための広告を出すメディアがなかった。しかし、ぐるなびが誕生したことでこの業界構造を崩すことになります。

正直に申し上げて、運営している側も、当時は海のものとも山のものともわからない手探りの状態で市場開拓に乗り出しました。まず営業部隊を作りました。基本給プラス出来高制の契約社員を募集しました。10人を採用し、私と一緒にぐるなびの開拓を進めました。

より多くの飲食店に参加していただくためにターゲットとしたのは、レストランの経営者が集まる業界団体でした。インターネットを使っている企業の上層の人たちは、飲み会というより接待で使うお店の情報が欲しいと考えたのです。したがって、そのために一流企業を普段お客様とする、一流レストランの経営者たちに積極的に営業をかけました。

また得意な結婚式の二次会については、大きな需要があるのはわかっていましたから、大箱のレストランや、さらに依然として電話帳に大きな広告を出しているレストランを選択して集中的に営業をかけました。

当時のぐるなびの掲載料は月額3000円に設定しました。その設定の根拠は、新聞一紙の購読料1カ月分とか、植物のいわゆるグリーンリースとか、ダスキンマットの月額リース代金などです。つまり、飲食店が利用するものをひとつ我慢して参加できる、1カ月に調整がつく範囲の価格にしました。これでどんどん市場開拓していきました。

キーパーソンの店も積極的に営業をかけました。例えば、著名な和食店の経営者や、テレビ番組で有名なシェフなどです。お酒も飲む機会が増えて、返杯が上手になったのもこの頃です。そうやってたくさんの店の方々と話をしながら、インターネット飲食店検索という新しいサービス内容を理解してもらいました。その後もインターネットがどんどん一般化されるに従って、都度広がったターゲット層に合わせた店舗の開拓を継続していきました。

それから決定打の一つとなったのは、クーポンです。現在でこそ、手で配ったり、フリーペーパーの本にしたりしてクーポンがあふれかえっていますが、当時は新聞の折り込みチラシにお醤油1点100円、お客様2点限りなどの販売促進でした。つまり告知であって、本来の引換券としてのクーポンは当時の日本では一般的ではありませんでした。

クーポンの採用には私のアメリカ経験がヒントになりました。私は國學院大學在学中にアメリカの叔母の家へ短期で行き、実生活でアメリカ人たちがチラシに付いているクーポンをちぎって多用するのを見ました。日本でもクーポンを普及させることができるのではと、ぐるなびの地図ページへクーポンを付けました。このクーポンはお客様にとっては店へ行くきっかけづくりになりますし、店側にはぐるなびを経由して実際に来たという行為の証拠として目に見えます。

また地図とクーポンのセットは、広告効果を高めます。今度の飲み会の場所はここです、と連絡する際に添付してくれる。そこにクーポンが付いているので、どんどん勝手に広告が広がり、ユーザー開拓にもなります。

降格

さて私自身は新卒で新規事業の立ち上げを経験し、26歳で営業部長に昇進、29歳になっていました。ところが、突然に一般社員へ降格されてしまうのです。私は契約を増やすことに力を傾け、スタート当時目標に掲げた「1万店と契約する」に躍起になって、ビジネス環境の変革にまったく気づいていませんでした。

多くの人たちがインターネットに興味を持ち使いこなすようになると、ぐるなびは各レストランの比較広告の集合体に変貌します。その時には月額3000円の料金は1万円にまで上昇していました。1万円の料金でその集合体に参加するレストランとしては、その中で目立つ必要がでてくるわけです。すると、例えばレストランは1万円とはいわずもっと支払うから上部に配置してくれとか、要望を出してくるのです。こうした要望を無視していたわけではなく、それに応じた商品はつくっていたつもりだったのですが、まったく不十分でした。営業体制は、数を増やすことから、単価を上げていく時期に来ていたのです。しかし私は相変わらず、サービス当初に掲げた「まずは1万店参加」の契約件数目標に、執着していたのです。

そこで会長からお叱りを受けました。「顧客からのニーズが高まり、商品の開発、パック化、高単価路線の時期に突入しているのに、営業部長の君が気づいていないのか」と。そして、降格となりました。「吉田をはじめ営業の全員がまったく変革期に気づいていない。全員が一からやり直せ」と全員肩書きのないヒラ社員体制になりました。嵐のような改革でした。

この時、私はこれは会社を辞めろということかな、と思い本気で退職を考えました。ところが親しくしていた取引先の部長とのやりとりで思い直します。それは「今回降格になりました」と話を向け、「相変わらず契約件数だけを追っていたのが原因です」と自己分析を話したところ、思わぬことを指摘されたからです。「お金をもらうことを罪だと思っていませんか」と。

確かにそうなのです。ぐるなびの広告システムに1万円でたくさんの方々に参加していただきたいという考えの裏側で、高いお金を受け取るのは申し訳ないなと思っていたのです。ぐるなびにはすでにその価値がある。あの海のものとも山のものともわからないものではなくなっている。ぐるなびに高額を支払うが、それ以上に店の集客につながり売上が跳ね上がる。「私たちはちゃんと効果が出るのであれば、その対価は喜んでお支払いしますよ」。はっと気づきました。入社して7年、まったく気づくべきことにも気づかずに、営業部長をしていました。

私は会社を辞めるのをやめました。一から出直して、もう半年間だけ頑張ろう、そして半年後にもう辞めないでくれ、と言われるまでになって、そういわせたら辞めよう、と決心しました。

確かに、広く浅くたくさんのレストランから契約をもらい数は集まっています。すると、ユーザーも全国規模で膨れ上がる。その次のステップとしては、もっと高度な商品にして単価を上げるタイミングでした。これは経営の切り替えのタイミングだったのです。経営には一段階、二段階と、必ず重要なタイミングがあります。

高額な料金ではあってもさらにレストランの売上が上がる広告になり、それを促す商品のパック化を全社的に進めていきました。それでぐるなびの売上は信じられないくらい上昇し、安定しました。これが現在のぐるなびのビジネスの原型になりました。

現在、顧客とは、毎月1万円から15万円くらいの年間契約をしてもらっています。年間契約であるのもぐるなびの特徴で、ストック型の経営と呼んでいます。1年間の契約なので、極端な話ですが明日全ての営業マンを失っても、1年間はお金を受け取れます。そういうストックをしながら新しい投資に入るのです。

ちょうど30歳になった誕生月にこの降格が起きました。最悪な30歳のスタートだと思いました。そんな折、普段占いなんて見ない母から細木数子さんの本を渡され、私の30歳は12年に1回の大殺界らしいと告げられました。しかし、「何クソ根性」で頑張り、その結果30歳は、それまでで一番よい年となりました。

というのも、退職せずにぶっちぎりＮＯ．１の売上を作った私を、会長は再び部長に戻し、さらに取締役にしてくれました。また、あるきっかけからテレビ番組に出演することになり、そこで大好きな木村拓哉さんと共演し、番組で30分二人きりで話す機会に恵まれたりと、人生はいろいろ試練があるのですが、めげずに努力し続けると、悪い年であっても良い年になりうる、目の前に起こることは飛躍のチャンスであることを学びました。

ウエディング事業に挑戦

現在また新規事業を担当しています。新規事業といっても、実際にはもともとあった事業の立て直しで、ウエディング事業です。これまでお話してきたように、結婚式場の紹介事業をぐるなびとは違う名前で運営していたのを、今度はぐるなびの中に吸収して、式場紹介だけでなくウエディング事業として再構築するものです。

「ぐるなびウエディング」は２００６年に開設されていますが、11年から立て直しに入っています。すでにゼクシィという巨大な競合相手がありますが、インターネットを活用して戦って勝ち残れ、というわけです。実際には瀕死の状態からまず蘇生し、さらに生き延びろ、ということでした。知名度もほとんどなく、社内でもたくさんの予算がついているわけではありませんが、再び、新たな事業に挑戦中です。

そこで、ぐるなびの立ち上げの時と同様に、時代背景や社会環境の調査と分析から入りました。その結果、婚姻届を出しているカップルが年間約70万組もいる。ただし、結婚式を挙げる人は半分しかいません。ほとんどのカップルが結婚式を挙げていると思い込んでいましたから、この事実を知った時、私は非常に驚きました。入籍をするのだけれども、だいたい2組のうち1組は結婚式をしない。その原因はいくつかありますが、3点を指摘しておきます。

1つ目は、リーマンショック以来、日本人の年収が下がっていることです。リーマンショック以前の10年に比べて50万円以上低下しています。つまり**世帯収入**が減ったために、カップルはお金がかさむ挙式を差し控えているのです。

2つ目は、再婚の増加です。2008年、09年辺りから急速に増えてきて、その傾向は現在までまったく変わりません。結婚する4組のうち1組が再婚です。つまりカップルの両方もしくは片方が再婚ということですが、この事実からもう「再婚が当たり前の時代」といってもいいほどです。このため結婚式のご祝儀はだいたい3万円なのですが、再婚の結婚式は1万円くらいの会費で小さくする。もしくは、式をしない。

そして、結婚式と披露宴の挙式総額は、平均325万円です。招待客の平均は60～80人といったところです。ですから実際にはご祝儀を受け取れば300万円が丸々かかるわけではない。それでも、カップルの先入観というか誤解というか、ご祝儀の計算をしないで、300万円くらいかかって大変なことになると判断して結婚式はしない。本当はたくさん人数を呼んでご祝儀をもらう方が、カップルの費用負担は益々減るのが結婚式です。でも何となく300万円かかるイメージで式の費用を住まいや家電や旅行にかけたい、という判断も根強いのです。これがカップルの半分だけが挙式するという現況の実態です。やり方によってはほとんどペイできるイベントですが、イメージ先行で挙式しない。

結婚式をしない3つ目の原因は、**晩婚化**の進行でしょう。社会的背景が変わる中で、初婚の人の平均の年齢がどんどん上がっています。私の母親の世代は、23歳くらいで26歳くらいの男性と結婚してという感じです。もちろん皆さんのお母さんやお父さんはもっと初婚年齢が上がっているはずです。

男性の場合、もう初婚年齢が平均30歳を超えているわけですから20代の結婚は少ない、つまり若くして結婚する人が減り、だんだん後ろ倒しになっていきます。晩婚の人たちは、それなりにお金も持っているし、社会経験の中で自分の考え方ができていますから、他のみんなと同じような日本のお決まりの結婚式をしてそこに多額を払うのはいやだなと判断するようです。みんなと同じようなあの結婚式ならやらなくていいな、と考える人が多くなるのも、結婚式の減少につながっています。

こういう考え方は実は晩婚化以外の要因でも増えています。日本企業が他の国へ進出していますし、人口減少社会ですからインバウンドを国策として、一所懸命訪日外国人を増やそうと、年間２０００万人を目指しています。グローバル化が進むと、日本人と外国人とのカップルが増え、国際結婚も多くなってきます。国際結婚はお互いの国の文化の影響を受けて多彩ですが、これも日本の画一的な結婚式は敬遠される要因の一つになり、結婚式を減少させます。

このように結婚式が減っているのですが、つまり、70万組のうち結婚式をしない35万組に対して、結婚式をしてもらう努力をしないと、ウエディング事業は、結婚式をする35万組の奪い合いに終始することになってしまいます。

ぐるなびのウエディング事業は、こんな競争はしません。したがって、結婚式をしないという選択をするはずのカップルにやっぱり結婚式をしようと思ってもらったり、他社とは違う特徴のある結婚式を提案して勝負することを考えてきました。

現在取り組んでいるのが、30歳以上の顧客で、40人以下の小規模な結婚式です。もちろん結婚式が2回目や3回目の人も大歓迎ですが、1回目のカップルで親族だけの少人数でやりたいという人からも引き合いがあります。ぐるなびウエディングはターゲットを絞り込んでいるわけです。ゼクシィはじめ同業他社は現在も第1回目の、派手でフリフリの結婚式をイメージするユーザーが対象なので、そことは**差別化**して戦おうということです。

この少人数ターゲットは結婚したカップルのうち約40％を占めているので、その市場を開拓して獲得しようとしています。ウエディング業界では、結婚式をする人を「あり婚」、結婚式をしない人を「なし婚」と呼んでいます。この業界用語に従うと、他社は35万組限定、60人以上300万円のザ・結婚式のあり婚マーケットを標的にしているのですが、ぐるなびウエディングはなし婚マーケットを目指しています。結婚したけれどまだ結婚式をしていない人や、2回目なのでどうしようかと迷っている人のための少人数規模のお食事会のような、それほど高額ではないウエディングです。

実際にこの戦略で進めてみた結果、ぐるなびウエディングは、30～40人の挙式に強みがあります。式の内容は、カジュアルなのですが二次会までいかない、いわば1・5次会のような感じです。顧客の年齢はやや高めで、男性ユーザーも多い。つまり業態の他の媒体だと女性ユーザーが9割といったところですが、ぐるなびウエディングは男性ユーザーも3～4割となっています。

また、ユーザーにとっての決め手は、やはりレストランなのです。ぐるなびの知名度から、料理にこだわるレストランが非常に多いというイメージと実態があり、非常に有利に顧客の背中を押しています。

その自信から、もっと徹底的にこの強みを極めていこうとしています。その際に、手本という か強力に意識しているのが、実はテレビ東京です。なぜかというと、テレビ東京は業界の中で異彩を放っていて、参考になる点が多い企業だからです。

このテレビ東京には「テレ東最強伝説」という強力な手法があります。例えば、飛行機事故とか台風とか、大規模な事故や災害が発生するとテレビ局はいっせいに報道番組になりますが、テレビ東京だけは、アニメとかゴルフとか、1局だけ全然違う趣で番組を続行したりしています。なぜかと調べてみると、他局と比べてスタッフの人数が少ないからです。土曜、日曜は宿直の社員が数人しかいなくて、報道番組をやりたくてもやれないというのが現実です。しかし、逆にそれが大きな差異になり、面白いということでコアな視聴者を引き付けるのです。この点は、テレビ東京には異彩を放つ人気番組が多いこととつながります。

例えば、「ワールドビジネスサテライト」「カンブリア宮殿」「ガイアの夜明け」「ソロモン流」「モヤモヤさまぁ～ず」「男子ごはん」「You は何しに日本へ?」「美の巨人たち」「アド街ック天国」などみなそうではないでしょうか。私はテレビ東京は、みてもらいたい人だけにみてもらえばいい、との感覚があるものと分析しています。ぐるなびウエディングも競合企業に比べて予算がないので、そうするしかない中でコアな視聴者を獲得しているテレビ東京の事情がよくわかり共感できるので参考になります。

その結果、ぐるなびウエディングも、限られた期間に限られたリソースを最大限に活用するために、同業他社がやっていることは他社にやってもらえばいいと考えています。逆に他社がやっていないことは、とことんやる、そこを極めてやろうと思っています。

したがって、ぐるなびウエディングの事業戦略としては、「食」と「少人数」をあわせて、質の高い「お食事会ウエディング」を完成させ、徹底的に競合との差別化を達成することです。この戦略で私自身がウエディング事業に取り組み3年目ですが、事業というのは3年以上苦しい状態が続くとスタッフ全員が疲弊します。ですから、2014年こそ絶対に盛り返したいと思っていまして、後がないサバイバルと位置づけて、気を引き締めています。その気の引き締め方ですが、まず3年前から決めたフレーズがあります。「勇気を持って、誰よりも先に、人と違ったことをする」。これだけはやろう、決めたことはぶれずにやり遂げようとしています。

「行動指針」でスタッフと一緒に

また意識の共有も重要な取り組みです。全員が共通の考え方を持つことを重視していて、その方策の一つが「成果の出る10の行動指針」です。これだけは絶対に守って一緒にやろう、というものです。

例えば、「最も速く、最も良く（すべてはスピード）」というのがあります。また、すべての指針にはその行動をチェックする項目もあって、「初動早い？」です。しかも、項目通り、初動が早いのかどうかを5点満点で自己採点するのです。同時に上司にも同じく5点満点で採点してもらいます。

これらはある意味では遊び感覚の面談のようになりますが、考え方の共有には十分に役立ちます。このようにやっていけば成果は出るよね、と共有しながら事業を進めていくわけです。参考までに他の行動指針にはどういうものがあるかというと、「量をこなし、質に転ず（一日4件のアポ、4件の達成）」では、チェック項目が「行動MAX？　汗かいてる？」「自分の力最大？」「そうすれば質がMAXに♪」です。絶対達成すべき案件が具体的に示されています。

「予習、予習、予習（調査し、分析し、仮説をたてる）」ではチェック項目は「PDCA回してる？」です。市場の背景はどうなっているのか、そこに対して徹底的に調査して分析しましょうということです。生き残っていくためには調査をきちんと実施して、PDCAを回していく。行動した結果、その正誤を検証して誤っていたならすぐ修正して、ということをどんどんやっていく。

「目標管理（週ごとの目標設定・見込みをリストアップ）」という行動指針では、チェック項目が「目標達成のために逆算してる？」です。いつまでに何かをやり遂げるならば、今日までに何をしていればよいのか逆算していなければなりません。「約束を守る（提出期限、出勤・会議遅刻なし）」とそのチェック項目の「提出期限守ってる？」「出勤や会議プチ遅刻してない？」とかもあります。

残りは行動指針だけ紹介しますと、「当たり前のことを最高レベルで（相手が望む一歩先の提案）」「自分に投資（書籍・新聞・雑誌・セミナー・服装・資格等）」「自己管理、インフルエンサー（元気に出社・挨拶は人に元気を分けてあげられる）」「仕事を楽しむ（成長、勉強もできてお金がもらえる仕事ってスゴイ！）」「100％プラス思考（プラス思考には福来たる）」です。

このうち、仕事を楽しむというのは本当に大切です。お話したように私は降格されたことがありますが、最高に勉強させてくれた会長と社長には本当に感謝しています。一所懸命働いて勉強しているのにお金も入ってくるのはすごいことですが、感謝しながら仕事を楽しめるかどうかが大切です。

新規事業というのは、はたから見るとつらい状況も出てきますが、これらの行動指針で考え方を共有しながら、また本人と上司のチェックというゲーム感覚で盛り上げながら成功に向かってチームを回してきました。

また、仕事を楽しむ一環としては、例えば4月のエイプリルフール企画があります。昨年は「ぐるなびウエディング事業部はウエディングドレスを制服として導入することにしました」と、もちろん、男性のスタッフもウエディングドレスを着た状態の写真を添えてプレスリリースまで出しました。その結果、日本テレビをはじめマスコミ報道になったのですが、このエイプリルフールも自主的にスタッフたちが考えたものなのです。

ウエディングドレスのレンタル料金が3万円くらいだったのですが、「エイプリルフールに、これ、やっていいですか?」と楽しそうにニヤニヤしながら企画の許可を取りにきました。そしてドレスを借りて、本当にやったのですが、マスコミ報道につながって広告効果が出ました。楽しいことをして、マスコミに取り上げられると、SNS等で書かれて認知されていく。新規事業はお金がないので、エイプリルフールに便乗してウソをつくというくだらないこともしながら、勝手に楽しくしてしまうのです。

楽しければ苦労を苦労に感じない。小さなヒットを作り、自信に変えながら、常に顧客やユーザーとキャッチボールをして、そこから少しでも答えが見えそうなら、それを実現させていく。ぐるなびウエディング事業で今そんなことを続けています。

最後に、私は事業の責任者として仕事をさせてもらっていて、競合企業に勝っていくことが求められています。そのためには、他の人や他の会社と同じことをやっていてはだめだと思っていますが、同時に、顧客なりユーザーなりのニーズを把握してそれらの人たちの役に立つということが大切だと思っています。この誰かの何かの役に立つ、貢献するということがなくて、利益だけを追求するというのでは、事業の成功は絶対にありえません。これもまた経営の真実だと思います。

私はその気持ちを大切にしながら、何をすべきかを真摯に見つけて、スタッフたちと一緒にぐるなびウエディング事業を進めています。

キーワード

○超氷河期

バブル期の過剰雇用による人件費の圧縮やバブル崩壊後の景気後退によって新卒者の就職状況が極めて厳しくなった時期。就職氷河期とも呼ばれる。1993年から2005年にかけて有効求人倍率（求職者に対する求人件数）が1.0を下回り，新規求人倍率は一時的に0.9まで下がった。

○産業革命

18世紀後半のイギリスで始まった道具から機械への生産技術の変化とそれに伴って従来の産業や経済，社会を一変させた大変革。近代資本主義が確立することになったが，多くの労働問題や社会問題も生じた。19世紀には欧州各国やアメリカ，日本にも広がり「革命」と呼ばれるようになった。

○世帯収入

同じ住居に住み，生計を共にしている世帯全員の収入額の合計。世帯収入は毎月調査が行われており，その調査結果は景気動向をはじめ各種経済指標の基礎資料として利用されている。

○晩婚化

最初に結婚する平均年齢（初婚年齢）が上昇する現象。2014年の初婚年齢は男性が31.1歳，女性が29.4歳で記録更新中である。女性の社会進出，男性の低所得，子育て環境の未整備などが原因とされている。

○差別化

独自の製品・サービスを創造し，競合企業との違いを明確化すること。ブランド構築や，「このサービスならこの会社」のように顧客の心の中に一定の位置を占めることに成功すれば，差別化に成功したといえる。

第2講

SHIBUYA109の経営学

中里研二（SHIBUYA109総支配人）

肩書きは当時。現在はブランド統括部長。

SHIBUYA109とは何か

皆さんこんにちは。SHIBUYA109の総支配人をしています中里研二です。私は1992年に東急百貨店に入社しまして、すぐに株式会社東急モールズディベロップメント（TMD）へ出向しました。TMDはSHIBUYA109を含むさまざまな商業施設を運営している東急グループの会社です。

そのTMDでは、最初は営業部でSHIBUYA109の運営を担当し、次に直営店の店長をつとめました。その後、SHIBUYA109のテナントを管理するリーシングと、109MACHIDA（町田）、SHIZUOKA109（静岡）、MINATOMIRAI109（横浜）、109MEN'Sなど別店舗のリーシングを担当しました。さらに、2011年から大阪進出を果たしたSHIBUYA109ABENOの総支配人、13年からSHIBUYA109総支配人に就任しました。このように入社以来、ずっとSHIBUYA109の運営にたずさわってまいりました。

さて、SHIBUYA109を運営しているTMDは東京急行電鉄株式会社（東急電鉄）を中心に、交通事業、生活サービス事業、ホテル・リゾート事業、ビジネスサポート事業などを展開する東急グループの中で、不動産事業を行っている会社です。そのTMDの主力事業が、**SC（ショッピングセンター）**事業であり、SHIBUYA109の展開を進めています。ですから、ＳＨＩＢＵＹＡ１０９自体が単独の会社ではなく、大きく見れば東急グループの一つの事業で、直接運営している会社が東急電鉄の１００％子会社のＴＭＤということになります。

ＴＭＤの経営理念は、「Create the Next Stage」であり、これは「ショッピングセンターから未来を切り拓く」。つまり、ＳＣ事業のプロフェッショナル集団として、ＳＣの展開を通じて、時代の先を読みながら新しい価値や事業を生んでいきたいのです。

改めてＴＭＤの事業を整理すると、第一に、商業施設運営事業（不動産事業）であり、ＳＨＩＢＵＹＡ１０９のブランドを活用したＳＣの運営と、東急線沿線を中心とする地域密着型のＳＣ運営です。第二に、インターネット事業で、具体的にはオンラインショッピングを中心に事業展開を行っています。第３の事業が広告事業です。これらについてこれから詳しくお話します。

まず、ＳＨＩＢＵＹＡ１０９ブランドを活用したSC運営としては、もちろん、ＳＨＩＢＵＹＡ１０９の旗艦店を運営しています。当然ご存じだった皆さんも多いと思いますが、渋谷にあるＳＨＩＢＵＹＡ１０９だけでなく、地方にも展開しています。例えば、金沢市のＫＯＲＩＮＢＯ１０９、町田市の１０９ＭＡＣＨＩＤＡ、静岡市のＳＨＩＺＵＯＫＡ１０９などです。また、私がＳＨＩＢＵＹＡ１０９の総支配人になる直前に立ち上げたSHIBUYA109ABENOは大阪天王寺地区のキューズモールというＳＣの中へパッケージ出店をしています。パッケージ出店とは、

SC全体の運営ではなく、SCの一部の床を借り受け、それをSHIBUYA109出店テナントへ貸す形態です。10~30店舗ほど集積した出店形態となります。

さらに、SHIBUYA109とはいえばレディースの印象があると思いますが、メンズも手がけていて、渋谷駅近くの109MENS'、それから福岡市に109MENS'天神コア、札幌市に109MENS'4丁目プラザなどがありますが、以上すべて109ブランドとして運営しています。

この109ブランドの直近の事業内容ということでは、2014年9月に鹿児島駅直結の鹿児島アミュプラザにSHIBUYA109KAGOSHIMAを出店しました。また、15年の冬には海外1号店の出店を計画し、香港のHABORCITYにオープンいたしました。この海外出店は、今後の事業の試金石となります。

それから、イベントとして2013年8月にSHIBUYA109KAMAISHIを出店した実績があります。きっかけは、12年11月に、現地の女子中学生のからTMD社長に届いた東日本大震災で釜石が被害を受けたけれど、なんとかSHIBUYA109で街を元気にして欲しい、と書かれた一通の手紙でした。その気持ちに動かされた社長は直ちに決断し、3日間の期間限定でSHIBUYA109KAMAISHIを出店し、店舗の限定出店やファッションショーを開催しました。関係者はボランティアとして参加し、被災された方々を元気づけました。

続いてＴＭＤ２番目の事業のインターネット事業ですが、これはＳＨＩＢＵＹＡ１０９と１０９ＭＥＮＳ'の店舗で購入できるブランドの商品をネットで購入できるオンラインショッピングの運営です。２００４年10月に「SHIBUYA109NETSHOP」を開設し、06年11月に「109MENS'NETSHOP」を開設して現在に至っています。

ＳＨＩＢＵＹＡ１０９のネット通販の特徴としては、ファッションビルが直接事業として運営していること自体が最大の特徴です。具体的にいうと、ＳＨＩＢＵＹＡ１０９とルミネだけが自社運営しています。ネット通販を自前で運営するのは、実は非常に細かい対応が求められます。商品画像の制作や管理などは全てＴＭＤが担当しています。

なぜネット通販を自前で運営しているかというと、顧客に丁寧に対応したいからです。皆さんはファッション商品をたぶんブランドだけで購入するわけではなく、スタイリングで購入していると思います。その際、インターネットやアプリでファッションコーディネートを常にチェックしているわけです。ですからリアル店舗とネットがうまく融合するような仕組みを模索しています。このように、ＳＨＩＢＵＹＡ１０９はネット通販を大切にしてきました。その結果、２０１４年度は売上約12億円となり成長を続けています。

最後に広告事業なのですが、ＳＨＩＢＵＹＡ１０９の円筒の場所を「シリンダー」と呼び、ここに広告を掲出しております。このシリンダー広告は渋谷エリアで非常に目立つので広告効果が高く有効です。また、ＳＨＩＢＵＹＡ１０９の店頭をイベントスペースとして貸出しもしております。

なお、新たに不動産物件として、２０１５年4月から武蔵小杉駅直結の東急スクエア武蔵小杉、五反田駅直結のレミィ五反田を管理し、合計約20の商業施設を運営するに至りました。これら20施設の売上は約１５００億円となります。

SCと小売業態

さて、ＳＣと聞いてもわかりづらいことと思いますので、業界の概要を簡単に説明します。同じく店舗が集っている場所として商店街や市場がありますが、それらはわりと自然発生的に形成されてきたという特徴があります。施設しかし、ＳＣは、ＴＭＤのような商業施設のディベロッパー会社が開発し運営しています。施設の中核テナントとか核テナントの主力店舗としては、百貨店、総合スーパー、食品スーパー、ホームセンター、ディスカウントストアといった業態の大型店とか、雑貨やアパレルなどの専門店を、ディベロッパーが店舗の誘導を行います。ＳＣを広くとらえれば、商業施設の他にも、シネコン、ホテル、公共施設などを併設した複合施設や、ファッションビル、駅ビル、地下街、アウトレットモールなど、多くの種類のＳＣがあります。

実はこのＳＣの役割は大きく、多岐にわたっています。まず、もちろん買物客を集めた販売の機能がありますが、それだけでなく、公共の機能としては、例えば郵便局や銀行が入っていてサービスを提供しています。さらに、ＳＣには雇用創出の機能があります。商業施設が出店しその中に店舗を出店するので、店舗内のスタッフだけでなく、警備、清掃、インフォメーションなどのスタッフの雇用が生まれます。地域の開発という機能もあります。ＳＣが出店すれば街が変わりますから、街づくりという部分でも大きく貢献しています。最後に、共生環境といって、例えば、地域のお祭りに参加するとかイベントを協力して共催するとか、街づくりだけでなく地域を盛り上げ活性化するという役割を担っています。

なお日本ショッピングセンター協会によると、ＳＣの数は２０１４年12月末時点で約３２００で、約30兆円の売上があります。代表的な商業施設としては、皆さんがよくご存じのルミネ、らぽーと、イオンモールなどの有名なＳＣがありますし、例えば御殿場のアウトレットモールなどもあります。アウトレットモールは急成長中で、主力は三菱地所・サイモンのグループと三井不動産のグループのディベロッパー２社でほぼ運営され、約８０００億円の売上となっています。

　またＳＣの事業を理解するために重要なのは、百貨店との違いです。ＳＣは、不動産賃貸業となり、基本的に自社で販売業務はしません。テナントと呼ばれる出店者に場所を貸してその賃料を得る形態のビジネスです。つまり、出店者とディベロッパーが建物賃貸者契約を結び、その契約に基づく賃料が収入になります。販売については、各テナントの販売員が担います。ＳＣにはテナントが退店すれば空室が発生して収入が消失する不動産リスクといった特有のリスクがあります。

　これに対して、百貨店というのは小売業態の一つです。つまり基本的に自社で販売をします。ですから契約ということなら商品売買契約となり、販売による売上が収入となります。またプロモーション面では、広告宣伝だけでなく、価格や商品などのあらゆる販売促進をします。リスクとしては、小売業態ですから、商品のリスク、在庫のリスク、販売のリスクなどが発生します。ＳＣと百貨店は明らかに違う業態です。

　日本百貨店協会によると、２０１４年度の百貨店の売上は、約6兆２０００億円です。現在、百貨店の売上は減少傾向にありますが、他方でインターネット通販の売上が伸びています。日本通信販売協会によると、13年度のネット通販売上は約5億８０００万円と、百貨店の売上規模に接近しています。

さて、次に専門店にも目を配ります。どんな専門店が伸びているのか、つまり元気のいい専門店はどこなのか。業界雑誌の『ファッション販売』によると、２０１３年度の売上高の伸び率が高い企業を列挙すると、「マッシュスタイルラボ」のマッシュスタイルホールディングス、「ポイント」を展開するアダストリア、子供服の「ＢＲＥＥＺＥ」のＦ・Ｏインターナショナル、「Spick and Span」やセレクト系のブランドを展開するベイクルーズなどが急成長中で、非常に元気のよい専門店ということになります。

なお、これらの元気のよい専門店の特徴は、従来のアパレルの枠にとらわれない、アパレルの発想を超えたユニークな活動がみられることです。例えば、ゲームソフトの画像の制作会社がアパレル事業を開始したり、アパレルだけでなくカフェやベーカリーも展開したりするケースがあります。また、企業の合併や買収を通じた複数ブランドの展開が活発です。

アパレル業界事情とファッション企業

アパレル業界全体の業界構造はどうなのかというと、同じく『ファッション販売』によると、２０１３年度の全体の売上高は約9兆３０００億円で、内訳は、婦人服・洋品が6割強と最も高く、次いで紳士服・洋品が3割弱、ベビー・子供服は1割弱となります。

また、アパレル業界でチェーン店を展開する企業のベスト10をみると、突出しているのは「U

NIQLO」を展開するファーストリテイリングであり、売上が約7200億円、それに続くしまむらが約5000億円というように、非常に大きな売上を記録しています。その次は青山商事ですが約1900億円、「MUJI」の良品計画が約1800億円です。先ほどの業界全体での売上と同様に上位企業をみても、メンズに対してレディースの売上がとても高い業界であります。

続いて、もう少し詳しく日本のファッション市場と業界の動向についてお話したいと思います。まず、日本のファッション市場を総括しますと、ラグジュアリーマーケットと呼ばれる高価格帯のブランドがあり、例えば、「Dior」「CHANEL」などで富裕層が購買するゾーンです。それに対して中価格帯のブランドは、1万円から5万円といった商品のゾーンで、例としては「UA」「BEAMS」などのセレクトショップのブランドです。さらに、低価格帯のゾーンは5000円以下の商品で、ファストファッションということになります。

日本のマーケットは、これら高価格帯、中価格帯、低価格帯の3つのゾーンでほとんど構成されています。ところが海外のファッション市場ではそうとは限りません。2015年冬にSHIBUYA109が香港に進出するのにあたり、アジア市場を研究した結果、現地市場ではラグジュアリーブランドと、ファストファッションの二つに完全に分化しています。この高価格帯と低価格帯の二極分化により、1万円以上の中価格帯のファッション市場がアジア各国ではほとんどない状態です。

その背景の一つには、ファストファッションの進出と躍進があります。皆さんもよくご存じのブランドだと思うのですが、例えば、世界的なアパレル企業のINDITEX社が展開する「ZARA」は全世界で約2兆円の売上を上げています。「H&M」も同様に約2兆円の売上です。店舗数は「ZARA」が約6300店舗、「H&M」が約3200店舗です。このトップ2社に続く第3位が「GAP」で約3500店舗で売上が約1兆7000億円と、ファストファッションの売上は非常に高いです。

日本のファッション企業も第4位に入ってしまいます。それは「UNIQLO」「GU」などを展開するファーストリテイリングです。全世界で約2500店舗を展開しており、売上が約1兆1000億円です。なお、第5位はアメリカのLIMITEDグループで、約3000店舗、売上は約1兆円です。

アジアのファッション市場は、日本以上にこれらのファストファッションが進出している状態ですから、日本のような中価格帯はほとんど存在しないのです。逆に考えられることは、これら世界展開しているファストファッション企業は、中価格帯市場を消失させるほど日本に進出していないということです。

例えば、「ZARA」を展開するINDITEXには「Pull & Bear」など日本で出店していなくて、「ZARA」のテイストとは違うブランドがたくさんあります。いずれ日本で展開されると思われます。また、H&Mグループは最近原宿に「MONKI」を出店させましたし、ニューヨークで出店している「& Other Stories」を日本に出してくるのではないかと注目しています。

それでは日本企業のグローバル化はどうかというと、やはり「UNIQLO」が活躍していますし、「MUJI」も積極的に海外展開しています。元気のある専門店として紹介した「ポイント」を展開するアダストリア社も海外進出を果たしています。

さて、先ほど紹介したように、アパレル業界ではレディースの売上が高いということは、SHIBUYA109とも大きく関わります。

SHIBUYA109ストーリー

SHIBUYA109は1979年にオープンして36年目に入っております。当時の名称は、SHIBUYA109ではなく、ファッションコミュニティ109でした。ファッションの店舗だけでなく、呉服、宝飾、スポーツ用品、さらに飲食店が出店しており、ファッションだけに限っても、レディース、メンズ、ミセスというように、物販から飲食までの全方位型の商業施設で、新規開業後の売上の伸びは順調でした。

しかし、１９９２年から94年にかけて、バブル経済の崩壊によって売上が約１４０億円まで落ち込む売上低迷期に突入してしまいました。92年といえば、ちょうど私が入社した時でもあり、店内を巡回しても、３階以上にお客様が誰もいなくてスタッフの人数の方が多い状態でした。入社早々に「このビルは大丈夫なのかな」と気弱になった記憶があります。そのような低迷期ですから、テナントも呉服、宝飾などを含め実に20店舗以上が次々と退店していきました。

ここからＳＨＩＢＵＹＡ１０９は重大な決断を行います。１９９５年から思い切って、現在のようなヤングレディースファッションへの特化を開始します。不況期であっても、売上が大きく低迷しない店舗を研究し、かつ若手社員にリーシングの権限を与え、レディースファッションに集中することを選択しました。レディースファッションに賭けたわけです。まず契約内容を含め、テナントの選定手段を全部見直して、レディースファッションへ舵を切れるようにしました。その結果、３階のテナントから上階へと次々とレディースショップの導入を行っていきました。

そうした決断による大転換を続け、ＴＭＤはその賭けに勝つことになります。１９９９年から２００８年までの時期がレディースファッションへ特化した成果を最も享受できました。ＳＨＩＢＵＹＡ１０９の売上は最も大きくなり、しかも13年連続増収増益でした。ちょうどその時期の直前には、コギャルブームがあり、ギャル雑誌が爆発的に売れて、まさにSHIBUYA109がファッションカルチャーを生み出した時代です。各テナントのブランドも売れに売れマルキュー系と呼ばれ、SHIBUYA109の建物自体がブランドになる異例といってよい状態が生まれ、定着しました。

その結果、SHIBUYA109のターゲットは明確に17歳から23歳の若い女性に絞られました。同時に、この時期から、SHIBUYA109の手法というか、ファッションビルの運営が他社へ大きな影響を与えました。実際に、他社では同様のターゲットへの販売を強化したり、SHIBUYA109のテナントを入れたりし始め、SHIBUYA109もまた郊外や地方へ109ブランドで多店舗展開を本格化しました。

なお、私はこの絶頂期を含めて約15年間にわたってリーシングを担当しており、SHIBUYA109だけでなく、109MEN'Sや地方の109と名前がついている店舗のテナントの入れ替えを行いました。この絶頂期には「moussy」「SLY」「EGOIST」などの店舗を導入し、テナントの入れ替えにより爆発的に商品が売れました。1999年当時のことですが、「EGOIST」は約60㎡の区画にもかかわらず月商で約2億円を記録しました。カリスマ店長、カリスマ店員がブームで、雑誌をみた顧客が大挙して押し寄せました。

次の２００９年から12年まではいわば安定期といえます。その前年の08年にはリーマンショックがあり経済は非常に厳しい時代に入りました。この時期にはテナントを入れ替えても思うような効果が出ませんでした。また、もう一つの大きな環境変化としては、海外のファストファッション勢が日本でオープンしたことがあります。例えば、「Ｈ＆Ｍ」「ＦＯＲＥＶＥＲ 21」がこの時期に日本上陸を果たしています。しかし、09年から12年には、ある意味では異常ともいえるマルキューブームが少し落ち着いたとはいえ、年間の入館者数は地方客や外国人客の増加もあって依然として約８００万人を維持していました。

再構築に着手

２０１３年に私がＳＨＩＢＵＹＡ１０９の総支配人として赴任してきた時から、いろいろな形で施策の見直しを開始しました。特に**ＭＤ（マーチャンダイジング）**は大きく見直しまして、ギャル路線一辺倒をやめ、面白い店舗の導入を始めました。店舗だけでなくプロモーションにも従来通りの内容を見直し、面白さを入れた企画にしていきました。

というのはＳＨＩＢＵＹＡ１０９はそれまでヤングレディースをターゲットにして急成長してきましたが、今後の市場は縮小していきます。また競合する商業施設がＳＨＩＢＵＹＡ１０９の要素を採用すればするほど、ＳＨＩＢＵＹＡ１０９に行かなくてもよい状況が生まれるので、必然的にＳＨＩＢＵＹＡ１０９の売上が低下していきます。また、これはアパレルに偏重してきた商業施設の宿命ですが、顧客の満足度は低下します。

したがって、ＳＨＩＢＵＹＡ１０９の見直しの背景には１０９のブランドの再構築がありま す。ただし注意してもらいたいのは、１０９ブランドといっても、渋谷にある館のことではなく て、ＳＨＩＢＵＹＡ１０９が表現するブランドということです。

具体的には、まず基本方針として１０９ブランドの定義や事業領域の見直しを行いながら、事業の再生を図ろうとしています。例えば渋谷の街の特性を考えてみますと、エンターテイメント性が非常に強いです。渋谷といっても渋谷駅前だけでなく原宿を含めてみればファッションの街として世界に通用します。これらの特性を生かして顧客やテナントを含めて一体となって新しい価値を生み出すビジネスモデル創出していきたいと考えています。

またＳＨＩＢＵＹＡ１０９ブランドには脅威と機会が併存しています。まず脅威を列挙すると、第１に、少子高齢化はＳＨＩＢＵＹＡ１０９のターゲット層の減少となり売上を直撃します。第２に、インターネット通販が台頭してきており、館の中のリアル店舗の売上を低下させます。第３に、顧客が来店はするものの、その場での購買へつながらない、いわゆるショールーミングが広がっています。第４にこれが深刻なのですが、ギャル路線のトレンドが終わりを迎えているということです。

それに対して、ＳＨＩＢＵＹＡ１０９には機会もあります。第1は、渋谷駅の再開発です。２０２０年頃に渋谷が新しく変わります。その20年には東京オリンピックが開催されますから、**インバウンド**、つまり外国から日本への訪問客の増加があり需要増になります。第2に、いわゆるターゲット層の交代が進んでいます。第3に、これは危機でありチャンスでありますが、ネット通販の台頭と伸長にうまく適合することです。

これらの脅威と機会を加味してSHIBUYA１０９のブランドをどうするかのスタンスを決めています。その結果、もはやギャルテイストにはこだわらない。アパレルファッションにはこだわらないことを打ち出しています。つまり、今後は、常に新しいトレンドを取り入れ、面白さのある、さまざまなものを提案していきます。

こういったブランドの提供価値とターゲットを再設定し、それをSHIBUYA１０９の施策へ反映させました。ターゲットは「アラウンド20」、つまり20歳前後とし、アパレルに限らないファッションやカルチャーを通じて、脱「日常体験」を提供していきたいのです。

この点に関して、２０１３年から開始した提供価値を体現する施策についてお話しましょう。施策としてはまず、ＭＤの見直しに着手しました。ＭＤといっても商業施設なので、直接に各テナントの商品構成を変えることではなく、もっと積極的に、店揃えつまり店舗の構成を見直しました。具体的には、特別に素材にこだわった店舗であるとか、従来より大人化をターゲットにした店舗などの導入です。例えば、「Regalect」は非常にデニムにこだわり、あえて日本の縫製メーカーを使っているブランドです。SHIBUYA109の中で非常に価格は高いのですが、モノづくりにはこだわっているので出店いただきました。「paranoia paradiso」も全然ギャル路線ではない大人のブランドですが、縫製面やモノづくりにこだわっています。これらのテナントが顧客に支持されるようになっています。

また、プロモーションも大幅に変更しました。従来は夏冬の年2回のバーゲンと、クリスマスの主なプロモーションでしたが、2013年からは、新たにたくさんのイベントプロモーションを投入しました。例えば、春休みと夏休みの期間は「学割」を開始しました。また、「LINE」とのコラボで夏の7DAYSバーゲンを行いました。現在SHIBUYA109で定着しているハロウィン企画も13年に開始したものです。ハロウィンカタログを作製し、各テナントにハロウィン衣装を製作してもらい、全館一体となってイベントを行っております。この他、「MAY-J」とタイアップしたクリスマスキャンペーン、館内で謎解きイベントなどを実施しました。

それから、インバウンドの強化をしております。訪日外国人増加への対応です。2014年度の訪日外国人は約１４００万に達しており、20年に向けて２０００万人になるとの予測があり、非常にインバウンド需要は伸びています。14年度の国別の訪日外国人の人数は韓国が約２７０万人、中国が約２４０万人、台湾が約２８０万人となっています。ＳＨＩＢＵＹＡ１０９でもこの３国がトップであり、他にもタイなどアジアからの訪日外国人が増えています。しかも、ニュースなどで皆さんもご存じだと思いますが、旅行者が来日してＳＨＩＢＵＹＡ１０９で「爆買い」をしていきますし、従来あったように海外のバイヤーたちが50万円、１００万円、と大量に買い付けていきます。

　したがって、それらをさらに伸ばそうと、まず２０１１年から中国大陸で普及している銀聯カードを使えるようにしました。またＳＨＩＢＵＹＡ１０９のホームページを多言語対応にしたり、フリーWi-Fi、館内表示もピクトグラム対応を行いました。あわせて同時通訳サービスを開始するとともに、免税店の拡充に取り組み、１０９の事務所に中国人スタッフを社員として採用するなど、積極的なインバウンド対応をしています。

　さらに、ＳＨＩＢＵＹＡ１０９を運営するオペレーション自体を改善し、外部の関係会社との連携を強化しました。警備、清掃、インフォメーションなど関係業務の委託先とは、以前よりも頻繁に会議を開催し、実際に意見交換を経てＳＨＩＢＵＹＡ１０９の運営に反映しました。そして営業力の強化も行いました。ＴＭＤの親会社は東急百貨店でしたが、昔の気質が残っていて男性は営業、女性は経理というような分業体制でした。２０１３年よりＳＨＩＢＵＹＡ１０９では運営体制の見直しを行い、各業務で女性の活用を進めています。ＭＤ、販売促進、経理、管理などチーム制を導入して、チームとして性別に関係なく活躍してもらっています。

次に、２０１４年にはニュースサイトである「１０９ニュース　シブヤ編集部」を立ち上げました。皆さんがスマートフォンで検索すれば出てきます。１０９の情報だけでなく、渋谷の街の面白いネタやショップなどの記事を配信しています。ＳＨＩＢＵＹＡ１０９のスタッフ、モデルがライターとして記事を書いています。14年の1年間で、２２０万ＰＶを記録しており、多方面から楽しんでもらっています。

また、「１０９ＳＴＡＧＥ」を再開いたしました。現在、アパレルファッションの業界は、華やかなように見えて労働時間が長いとか、３Ｋといわれる場合もあって厳しい職場環境となっております。どちらかというと事務職やＩＴ系業種が人気ですし、なかなか若い人たちがアパレルファッション業界に入ってこない時代になっています。その中で非常にやる気がある若い人たちもいますが、実際にお店を出すとなると非常にハードルが高くなります。そこで、多額の資金がなくてもＳＨＩＢＵＹＡ１０９に出店できる仕組みを作りました。

実はこの「１０９ＳＴＡＧＥ」は２０００年から開始しまして、多くのブランドが育ちました。ここ数年は中断していましたが、14年から再開しました。まず、リアル店舗ではなく、SHIBUYA109NETSHOPのネット上の出店の応募をしてもらいます。応募の中から5～10の店舗を選定して、SHIBUYA109NETSHOPで実際に販売してもらい、その中で業績がいい店舗を通常より賃料を大幅に緩和した条件でリアル店舗に出店いただいております。例えば、15年にオープンした「Honey Cinnamon」は、「１０９ＳＴＡＧＥ」からのスタートです。

もちろん、２０１３年から開始したプロモーションの取り組みも継続し、「ＳＨＩＢＵＹＡ１０９　35周年アニバーサリーパーティ」の実施や、5月にはW杯日本代表応援キャンペーン「SHIBUYA GIRLS' ELEVEN CUP @ SHIBUYA109」を「adidas」とコラボし、コラボＴシャツの販売やスタッフのコーディネイトバトルなどのイベントにより、メディア等で大きな話題になりました。他には、夏のバーゲンで「セーラームーン」とのコラボ企画として、なりきり撮影会の開催や、10月9日の「１０９の日」にあわせてプレミアム商品券の発売を行ったり、「１０９ナイトパーティー」と題して１０９館内でのパーティーや館内ファッションショーを開始したのも14年でした。

さらに、２０１５年からは、ＣＳ（顧客満足）とＥＳ（従業員満足）の向上に着手しております。他のＳＣでは従業員研修やロールプレイング大会などを実施していると思いますが、ＳＨＩＢＵＹＡ１０９ではこれまであまり熱心に開催してこなかったのです。それを反省し、現在では積極的に取り組んでいます。

まずＣＳでは、館内設備のサイン、お客様用トイレ、喫煙所などお客様施設のハード面を計画的に改修しております。ソフト面でも、ＳＨＩＢＵＹＡ１０９らしいおもてなしの向上を目指して、ロールプレイングや販売員研修を通して接客力アップに取り組んでいます。また、テナント企業と店舗スタッフ、ＴＭＤ、バックスタッフを含め関係者の皆さんが参加してＣＳ改善に取り組むためＣＳ向上委員会を設置しました。

一方、ＥＳについては、働く環境を改善することで従業員満足へつなげることを狙っています。まず老朽化していた館内にあるオフィスを改修し、あわせてスタッフの休憩室や喫煙所もカフェのようなデザインのきれいな休憩室に改修しました。また、テナントのスタッフの懇親会を開催したり、店長表彰会を実施したりして、スタッフの満足度とモチベーションを向上させるよう努めています。

さらに大転換を目指して

さらに、２０１６年以降の取り組みもお話したいと思います。今後５年間くらいのやや長いスパンでみておりまして、中長期のリニューアルプランを検討しております。まず先ほどお話した店舗の構成をさらに変えます。具体的には、現状で不足店舗となるカフェ、サービス、雑貨などの店舗や海外ブランドの導入を検討しています。また「１０９ＳＴＡＧＥ」は継続し、新しいブランドの導入を継続していきます。さらに、重要な計画としては、ＳＨＩＢＵＹＡ１０９のリアル店舗販売とSHIBUYA109NETSHOPの融合によって流通チャネルを統合する、**オムニチャネル化**を検討しております。

これらの他には、インバウンドの強化をもう一歩進めて、単に免税店の対応を厚くするだけでなく、ソフトの面を拡充することも考えています。例えば、日本にいる留学生の皆さんを起用してＳＮＳ経由で情報を発信するなどです。

このような手法を併用しながら、今後はＳＨＩＢＵＹＡ１０９を大きく転換させることを目指します。確かにＳＨＩＢＵＹＡ１０９のファンは女性主体であり、現状では商品を販売したところでサービスは完了ということになります。しかし、今後はそういうことだけではなく、商品の販売を起点として共感を生み出し、新たな顧客との関係を構築することを目指します。渋谷だけでなく、日本中、世界中のアラウンド20に対して、服だけでなくファッションやカルチャーも発信していきたい。そして新しいファッションムーブメントを巻き起こしたいと思っています。SHIBUYA109のマネジメントを含めファッションビルの運営に対してご理解いただいて、これからも皆さんがファッションを通じて元気になっていただければと思っております。

キーワード

○ SC（ショッピングセンター）

ディベロッパー企業（SC の事業主体企業）によって計画・開発・所有され，一元的に管理・運営される大型の複合商業施設を指す。広いフロア面積を利用してゆったりしたくつろげる空間を提供し，多種多様な商業・サービス施設を提供する小売業態。

○オンラインショッピング

小売業態のうち，店舗を持たずに商品やサービスを販売する無店舗販売の一種であり，インターネット上で商品やサービスに関する情報を掲載し，消費者とダイレクトな商取引を行う販売形態。

○ MD（マーチャンダイジング）

小売企業がマーケティング目標に基づいて，商品の企画や品揃え（商品構成）から商品調達，販売手法などを計画・実行・管理する活動のこと。SC の場合は，施設内の店舗全体で MD を実現する。

○インバウンド

訪日外国人旅行者のことを指す。2013年頃から円安傾向であり，さらには日本政府がアジア諸国の旅行者に対しビザ発給条件緩和などの措置を取ったことで日本を訪れる外国人旅行者が大幅に増加した。特にアジアからの旅行者は日本国内での消費額が大きく，小売業や旅行業，外食産業などはインバウンドを取り込む努力を傾けている。

○オムニチャネル化

メディアやコミュニケーションツールの多様化に伴い，企業と消費者の接点（顧客接点）が拡大していることを重視し，リアル店舗（実店舗）やオンラインストアなどあらゆる顧客接点を統合して販売機会の最大化を図る取り組み。

第3講

非営利組織の経営と「社会を変える」の始め方

横尾俊成（NPO法人グリーンバード代表／東京都港区議会議員）

学生時代にNPOへ参加した「きっかけ」

皆さんこんにちは。横尾俊成と申します。NPO法人グリーンバードの代表をしています。グリーンバードがどういう団体か、どんな運営をしているか、ということもありますが、大学生時代を思い出しつつ自分自身の紹介も含めて話していきます。

この授業では企業の経営者がお話されるようですが、企業があるのに、じゃあNPOがどうして存在して、どういうことを担っているのかを知ってもらいたいです。

企業というのは、自らの活動で利益を出して、それを株主だったり、お客さんだったりに還元していくのですが、僕らNPOの場合は、世の中の課題を解決しようとしています。例えば、街ではゴミが散乱していて問題になっています。それに対してグリーンバードでは、こんなソリューションを出して、こういうふうにしたら解決できますというわけです。モノを売って利益を得るのではなく、課題を解決する活動をやって寄附を集めて、それで運営していきます。

グリーンバードは、ゴミの問題を解決しようと思っていますけれども、そこにお金は生まれないです。ゴミを拾ったからって、経済活動は成り立ちづらいと思います。企業や行政が解決できない問題、手に負えない問題をNPOとしてやるというふうに思ってください。ですから、グリーンバードの存在意義は、自分たちが住んでいる社会の課題を解決して、社会をもっとよくすることです。そのためにはどうすればいいか、どうやって解決すればいいかをずっと考えてきました。実際にはいろいろ困難があって、どうやって乗り越えてきたのか、あるいはこれからどうしていきたいのかも大切な点です。

改めて、どうして僕自身が動き出したか、企業ではなくて非営利組織を経営することになったのか、きっかけを話します。皆さんは学生なので、自分も学生の頃の話から始めたいと思います。

僕は早稲田大学の人間科学部を卒業して、大学院人間科学研究科へ進学しました。専攻は社会学でして、イスラム社会学というマイナーな研究をしていましたが、修了後は広告会社の博報堂に入社しました。広告やCM、キャンペーンなどを制作する広告会社の中で第2位の会社であり、第1位は電通です。

博報堂を退社してから、グリーンバードの代表になりました。また本日はお話しませんけれども、港区で区議会議員もしています。そのあたりのことは『「社会を変える」のはじめかた～僕らがほしい未来を手にする6つの方法』という本を出版していますので、僕の話に興味を持った方は読んでください。

さて、僕が社会のためにとか、世の中をよくしたい、と思い始めたのは、2001年9月11日のアメリカの同時多発テロ事件でした。

僕は高校生の時は、真面目すぎる学生でして、一人で図書館の隅っこで勉強してばかりいました。しかし、常に自分を振り返っていていやだなあと思って、卒業後は大学に入って遊んでやろうと考えました。いわゆる「大学デビュー組」です。高校生の時は急に遊び出すと地元で浮いちゃうからできませんが、大学に入れば思うぞんぶん遊べると思って、頭を金髪にして、「スーパーサイヤ人」のようにして大学のキャンパスを歩いていました。田舎者丸出しでした。1年間経って遊び尽くしたような気持ちがしたので、じゃあ海外に行けばもっと面白い遊びがあるのではないか、と思って安易な気持ちでアメリカのオレゴン州ポートランドへ留学しました。1年半経って帰国して、数週間後に同時多発テロが発生しました。

アルバイトから帰宅してみたテレビ画面では、ワールドトレードセンタービルが倒壊していく映像が映っていました。他ならぬそのビルの1棟には、留学中のアメリカ人のルームメイトの親戚がちょうど居合わせていたのです。この人は、週末にはバーベキューをしてくれたり、英語をうまく話せない僕を励ましたりと、ものすごくお世話になった女性だったので、死亡の知らせを聞いたとき、とても悲しかったです。

おそらく皆さんの中には、２０１１年3月11日の東日本大震災の時に、自分に何かできるのだろうか、と痛感した人がいると思います。その気持ちと同じです。僕にとってとても近い人が亡くなったのに、自分は何もできないな、と悩みました。本当に「どうしよう、どうしよう」と、ふさぎ込んで何ができるかを探さねばと思いました。そうして始めたのが、「世界学生会議」だったのです。

この会議は、当時の世界で紛争地域と呼ばれる場所の若者たちを日本に招いて、これからどうすべきかみんなで話し合おうというイベントです。急に世界平和までは実現できないけれども、まずは同じ年齢層の若者同士が集まって、自分たちでできることがあるのかどうかを、考えてみようということです。この会議を仲間と一緒に立ち上げて開催しました。

いろいろ動いて、例えばアフガニスタン大使館に出向いて交渉して、「アフガニスタンの学生にどうしても出場して欲しいのです」と依頼したり、場所を貸してもらったりしました。ちゃんとポスターも作りましたし、その後は、毎年開催にしました。そうしたら学生が1000人くらい集まってくれました。

それで話題になり、「朝日新聞」の社説に取り上げてもらったり、NHKに放映されたりしました。先ほど話したように、高校生まで優等生で、大学生で金髪に染めた遊び人になっていて親が非常に悲しんでいましたが、親は、ようやく真人間に戻った、と喜んでくれました。

このように当初は確固たることを考えていたわけでもなく、紛争や平和について仲間を集めてイベントを開いて考えてみようよ、という小さな考えだったのです。しかし、実際にイベントをしてみると、全然予想していない大きな反響がありました。マスメディアに取り上げられたことで仲間たちも変わっていったし、ある学生は、「これから平和のために働きたい。国連に入るぞ」とか決心したりして、僕は本当に驚きました。小さなアクションを始めて、非常に大きな結果につながっていく。本当に面白い経験だと実感しましたし、この経験があって、いろいろなNPOに参加することになったわけです。

例えば、同じようなイベントを手がけている団体、アフガニスタンを支援する団体、パレスチナを支援する団体、**ユネスコ**の国際機関とか、さまざまなNPOや組織に参加しました。

ただし、その時はまだ、自分が中心人物になってイベントを開催するのもいいけれど、たくさんの人たちがすでに着手しているのなら、まずはたくさん参加してみようと考えました。また、参加するととても歓迎されるのです。なぜならば、あまり若者がいなくて、年輩の人たちばかりだったからです。若者が入ってきたからすごく喜んでくれて、「横尾君、みんなで世の中をよくしていこうよ」と夢を語ってくれました。それでますます面白いな、と思ってどんどんのめり込んでいきました。

ＮＰＯで開眼し、博報堂へ

こうして、ＮＰＯに参加しているうちに、あることに気づいたのです。それは、まず、僕が知らなかっただけで、素晴らしいことをしているＮＰＯがたくさんあることです。しかし、次が問題なのですが、あまり若者には届いていない活動だとわかったのです。例えば、コンビニエンスストアの前で、仲間と座り込んでいる若者がたくさんいましたが、その人たちにはＮＰＯなんて知らないし、関係ないなと思われているということです。それには、ＮＰＯ側にも問題があると考えました。社会をよくするのならば、そんなレベルではまったく話になりません。

例えば、難民を救うＮＰＯがあって、１年間に１００人を助けることができたとします。でもそれでは１００人しか救えない。なぜならば、そのＮＰＯには１００人分を救うお金とスタッフしかいないからだということです。そのＮＰＯのことを知らない人たちからは「関係ない」と言われているのです。

そのＮＰＯのスタッフは５人しかいないでしょう。しかし、もしスタッフが１００人いたら、あるいはさらに、座り込んでいるコンビニの若者が立ち上がって、ＮＰＯのことを知り、認めてくれてどんどん寄付をし始めたら、１００人の難民じゃなくて１万人とか、10万人とか、１００万人の難民を救えるとは考えられませんか。実際に、やろうとしないから１００人だというだけで、やれば実現できるかもしれません。

したがってNPOに関わり始めてしばらくすると、僕は、もっと非営利組織がちゃんと世の中に伝えるべきことを伝えるとか、そんなに意義が大きいなら訴えるべきだと思い始めたのです。また、NPOを運営するというだけでなく、たくさんの人間を集めたり、お金を集めたりして、もっと社会をよくできるようになりたかったのです。

それをやりたくなったのが、ちょうど就職活動している最中だったので、絶対に将来役に立つと思って、勉強のために伝えることを仕事とする広告会社にねらいをつけました。いきなりNPOに入れてもらっても、僕には何もスキルがないので、それではNPOの伝える力は変わりません。伝える力を高めること、それが人間もお金も集め、多くの問題を解決するために必要な何か武器のようにみえて、ぜひ手に入れたいと思いました。いろいろ受けたのですが、結局、広告会社の博報堂のお世話になりました。

博報堂ではCMをつくったり、キャンペーンをしたりに明け暮れました。例えば、マツダの自動車のCMも担当しました。広告ばかりつくっていて当初三年計画だったのですが、実際には5年半で退職しました。ただし、博報堂在職中にもNPOのことを考えていたので、勤務を続けながらボランティアで始めたのがグリーンバードでした。つまり、現在僕が代表をしているNPO

ですが、当時は現在渋谷区長になった長谷部健さんが創始者で代表をつとめていました。長谷部さんも元博報堂で、僕の先輩ということになります。

当初始めたグリーンバードの活動は簡単にいうと、会社の周辺をみんなで掃除しようというだけでした。博報堂があった赤坂のゴミ拾いです。赤坂はすごく汚い街でしたので、ぜひきれいにしたいという意欲を持ちました。やり始めてみると、博報堂の他の社員だけでなくお隣のTBSの社員とかもたくさん参加してくるようになりました。それを見てこういうチームってやっぱりいいな、と改めて感じました。それでゴミ拾いだけでなく、街を盛り上げるというか、もっとよくするための活動のことを考え出して、また楽しくなってきて、いよいよ博報堂を辞め、グリーンバード専業となりました。

グリーンバードの活動と特色

改めてグリーンバードの活動を説明しましょう。ユニフォームを着て街でゴミ拾いをしている団体ではありますが、北は北海道から南は沖縄まで全国で約70のチームを持っていて参加者は約3万人と大きなNPOです。

それから、アメリカ、フランス、シンガポール、スリランカ、ガーナなど他にもありますが、海外でも活動しています。皆さんもグリーンバードのユニフォームを街で見かけている人がいるのではないかと思います。

グリーンバードは設立から12年になりますが、例えば表参道も本当に汚かったのです。表参道の商店街の人たちと一緒にゴミを拾っていくと、1時間くらいで45ℓのゴミ袋10～20袋にもなりました。それくらい汚い街だからゴミ拾いするわけですが、翌日に表参道に行くと、前の日と同じ状況に戻っていて、また同じ分量のゴミが拾えるのです。表参道は今はきれいですが、当時はものすごい量のゴミが拾える街だったのです。

毎日拾ってまたゴミの山ができてそれを拾ってまたゴミが捨てられて、という繰り返しですから、やっても限界があると思い始めました。そこで考え抜きました。その結果、ゴミを拾うことに集中するだけではなく、ゴミを捨てる人を減らすべきだと気づいたのです。しかし、どうしたら捨てる人を減らせるのか、と考えたところ、二つのアイデアが出ました。

一つは、街でゴミを拾うのですが、拾っている人が非常に目立つ状態をつくりあげることです。そうすれば、みんなで派手にゴミを拾って掃除しているところへ、ゴミを捨てられないはずです。また、ゴミ拾いが目立つことで一所懸命さが伝わって、もうゴミを捨てづらいという空気をつくろうということです。

もう一つは、さきほど話したことですが、コンビニエンスストアの前に座り込んで煙草をすっている人たちに捨てる側ではなく、拾う側に回ってもらうことです。グリーンバードのメンバーはある法則を知っています。それは、「ゴミ拾いに一度でも参加すれば、二度とポイ捨てしてない法則」です。ということは、くどいですけれど、コンビニ前の人たちをゴミ拾いに一度でも参加させることができたら、ゴミは減るのです。だからなおさら、ゴミ拾いへ参加する人を増やしていこう、目立っていこう、ということになりました。

今度は、その目立つためにどうするかを考えました。まずグリーンバードのかっこいいユニフォームをつくりました。実はナイキに提供してもらいました。かっこいいわけです。

このかっこいいユニフォームを着てもらうのは、もちろんいかにもゴミ拾いをしてくれそうな高齢者でもいいのですが、街でみかけるものすごくかっこいい若者、お兄さん、お姉さんに参加してもらえたら、もっとたくさんの人たちが参加してくるのではないかと予測しました。そして現実にそのとおりになったのです。

例えば、グリーンバードの歌舞伎町チームのリーダーは、当時ナンバーワンホストで有名な人だったのです。そうすると業界のホストたちがゴミ拾いに続々と参加してきます。キャバクラで有名な女性も同じことです。だから歌舞伎町はホスト仲間、キャバ嬢仲間で成り立っていました。ホストがたくさんのゴミを捨てるわけではありませんが、ホストたちが拾うようになってからゴミは減りました。また、もともとゴミ拾いしていた地元の高齢者たちも加わってくれて、もっとゴミが減ったのです。

また、吉祥寺チームでは、ミスターチルドレンのコーラスとして有名だった登坂亮太さんがリーダーを務めています。すると、ミスチルのファンがたくさん参加してくるようになります。別にミスチルのファンがたくさんのゴミを捨てないけれど、ミスチルのファンの間でゴミ拾いが話題になり、捨てないし拾ってくれるようになります。

さきほど話した表参道チームでは現在、きゃりーぱみゅぱみゅさんと同じ事務所のモデルさんたちが参加しています。この人たちがゴミを拾っていると知るや、多くの人たちがゴミ拾いに入ってきます。またこの表参道チームには、実はお忍びでジャニーズのメンバーも参加してくれています。1年に5回くらい来てくれるのですが、そうなるとジャニーズファンがたくさん参加してくれます。

新宿チームでは、ベストセラーになった『五体不満足』を書いた有名な乙武洋匡さんがリーダーでその仲間たちがたくさん集まってきていますし、地方でも、例えば福岡チームのリーダーは、福岡の合コン王と呼ばれる地元の有名人で、多くの参加者で活動をしています。

ですから、僕たちのねらいは当たり、有名な人、かっこいい人が街のゴミ拾いで目立つことで、ゴミ拾いが目立つようになっています。

グリーンバードのマネジメント

先ほどグリーンバードは、商品やサービスを販売して企業活動で利益を出すのではなく、社会問題を解決するテーマそのものに寄付を募って事業を成立させていると話しました。その点についていえば、実際にいろいろな企業から寄付をいただいています。例えば、日本コカ・コーラ、ＪＴ、ナイキ、それから自動車のフィアットなどのブランドがあるＦＣＡジャパンとかが参加してくれています。

それらの合計は年間で約３０００万円でして、グリーンバードの収入になります。これに対してグリーンバードの支出は、事務局の家賃、維持費とそこに勤めているスタッフの**人件費**、各地のチームのリーダーの人件費、それからゴミ袋とかトングとかの物品購入費などです。その収入もほぼ３０００万円になっています。非営利組織は、そのように得たお金を株主へ配分せず、活動のために使い切ります。

だから、非営利組織とか、ＮＰＯとか聞くと、ボランティアをしているのですね、と誤解されることが多いけれども、それは違います。きちんと収支があって給料も支払います。無料奉仕活動ではないのです。スタッフはちゃんと年収を受け取って生活しています。事務局のスタッフは、年収約４００万円で、月給30万円台です。もちろん、僕もスタッフの分としてはもらっていませんが受け取っています。だからこうして、まったく面識も関係もなかった本田一成先生から突然お手紙をいただいて、授業の趣旨に賛同して、昼間から國學院大學に出て来られるのです。

業界のことでいえば、僕の知っている範囲では、NPOの平均月収は20万円から30万円くらいです。ですから、皆さん就職を考える際に、企業だけでなくNPOという選択肢もあるはずです。しかし日本のNPOでは、まだまだ一般企業に比べて給料は少ないです。だから、なかなかNPOに就職しづらい労働市場になっていますが、もっと多くの優秀な学生がグリーンバードに就職して活躍してくれることを期待しています。そのため、年収400万円ではなくて、年収1000万円を目標として、活動そのものと寄付金集めに努力しています。

またグリーンバードの代表として大切だと思っていることは、マスメディアにもっと出ることです。新聞やテレビ、雑誌に取り上げられることはとても大事で、グリーンバードっていうNPOがあること、そして日本の深刻なゴミ問題の解決に挑戦していることを発信したいのです。もちろん、こういう授業の場で500人以上の人たちに話をすることも大事です。

だから、マスメディアに出る努力もして、実際にできる限り出ています。例えば、AKB48、モーニング娘。、長谷川潤さんとか、どんどん活動に参加してもらい、マスメディアに取り上げられています。

さらにグリーンバードはCMも製作しています。とはいってもTV用のCMではなく、いわば街のCMです。前回の授業でSHIBUYA109の総支配人の方を講師としてこの授業に招いたと聞きましたが、実はSHIBUYA109のビジョンでもグリーンバードのPRのCMを流してもらっています。渋谷だけではなく原宿のビジョン、秋葉原のビジョンでも、地方でも各地でみてもらっています。

街を歩いていてグリーンバードのCMをみたら、きっとびっくりすると思います。すごくよくできていますし、思わず振り返るような素晴らしい音でつくっています。ちなみにこの10年間にグリーンバードの仲間で10組が結婚しました。合コンで出会ったのではなく、ゴミ拾いで出会ったカップルです。それをCMにして「ゴミを拾う人は愛を拾う」なんて素敵でしょう。また、ワールドカップの時につくったCMがあって、街の雰囲気がもうワールドカップ一色の時に、きちんと分別してゴミを蹴ってゴミ箱に入れている。だから受けるのです。他にもたくさんのCMがありまして、グリーンバードのホームページに出ていますのでぜひみてください。

このように「ゴミのポイ捨てはかっこ悪いぜ」とうたいながら活動をしている僕たちですが、社会的な意義という点ではいつも、「2：6：2の法則」を意識しています。経済学でいうと**パレートの法則**になるのでしょうが、どんな組織でも2割の主体的で優れた人、6割の受け身の人、2割の全然何もしな

「2：6：2の法則」

い人という構成で、運営されているというものです。実は内閣府の意識調査によると、社会貢献とかボランティアでも同じです。それらの活動に何らかの形で参加したことがある人たちがだいたい2割です。逆に2割が社会貢献とかは自分とはまったく関係ないとか、偽善だとかいう人たちです。残りの6割は、機会があったらやってみたい、参加してもよいという多数派で、潜在的にはポジティブになりうる人たちです。

グリーンバードが標的にしているのは、すでにやっている2割ではなく、全然無関心な2割でもなく、一番多い6割の人たちです。この60％へどうやってアプローチすべきかを常に考えています。

もしもの話ですが、その60％がゴミ拾いを始めたら、20％と足し上げて80％になります。8割がゴミ拾いをして、ゴミ問題に興味を持ってくれたら、街はあっという間にきれいになります。また、これはゴミ問題に限らず、6割を動員して8割にしてしまったら、きっと現在とは比べものにならないくらい、よい世の中になるに違いありません。

それではこの60％の人たちをどうしたら動かすことができるのでしょうか。もともと社会貢献したい気持ちがある20％の人たちにいうのと同じことをいっても参加してくれません。バイトが忙しいとか、合コンの方が楽しいとかいいながら、逃げていきます。ですから、言葉を変えなければなりません。僕たちはいつも、「ゴミ拾いしようぜ」ではなくて、「朝合コンしようぜ」と誘っています。ゴミ拾いはだいたい朝に活動しているのですが、一度参加してもらえば、みんなで集まるのがいい、地域に関心が持てるのがいい、友達ができるからいい、仲間が増えるからいいと、とにかく楽しいから、ノリで来てもらうよう誘うのです。

少しは関心があっても、そこへ一歩足を踏み入れることができない層にどう接近するかにとても気を使っています。実はそれは広告のアプローチでもあります。例えば、コカ・コーラのＣＭなら、もうコカ・コーラが大好きな人に到達させるのではなく、普段コーラを飲まない人だけれどあと一歩という人に到達するように制作します。つまり、かっこいいＣＭだなと感じて、気になっているところへコンビニで見つけちゃうという効果を狙っています。グリーンバードも同じように、６割の人たちに到達する効果は言葉づかいやコミュニケーションのやり方次第だと考えています。

グリーンバードの「これから」

さて、グリーンバードの活動はこれからどうなっていくのか。一つは活動をさらに広げるということです。ゴミ拾いをしていると、昔ながらの商店街とか町内会の老人たちと仲良くなります。そこで、祭りのおみこしを担いでくれないか、とか、商店街再生プランを考えてくれないか、と声をかけられます。活動は、ゴミ拾いだけではなくなってきます。例えば、福岡チームでは、耕作放棄地といって、昔は農業していたけれどもう担い手がいない農園を何とかして欲しい、ということになりました。そこで、グリーンバードが借り受けて、畑を耕して野菜をつくり、それを街で販売したりしています。

また最近多いのは、いわゆる放置自転車の問題で、グリーンバードも協力しているわけですが、ゴミ拾いから始めたのに、だんだん街の中に入っていろいろなことをやる面白い若者たちだ、という認識が地域で強まってきています。

それと、最近ではグリーンバードが特に海外でウケがいいのです。活動が日本人の行動様式というか文化というように受け取ってもらえるからです。最近、パリのチームがパリ市長から表彰されました。新聞には「日本のサムライがパリの街をきれいにしています」と報道されたことからわかるように、日本人の文化だと思ってもらえる。例えば、サッカーのワールドカップの時もそうでしたが、日本人サポーターが会場のゴミ拾いをしていて話題になりました。

実は、パリも汚い街で、結構、平気でポイポイゴミを捨てていきます。捨てるのですが、それを拾う行政や業者がいるわけです。つまり、ゴミ拾いは税金を投入して行政や業者がやるものので、仕事としてちゃんと担当者がいます。もちろん日本でも、ゴミ拾いは行政の仕事といえますが、グリーンバードのチームが無償でやっているとなれば、これはパリの文化とはまったく違う、ということが現地で鮮明になりました。

それで表彰されたのですが、その背景には大切な点があると思います。それは、パリはゴミ問題を解決するために1年間に巨額の税金が使われているということです。つまり、パリに限らず、みんながゴミを捨てないようになれば、あるいはグリーンバードのようなＮＰＯに人々が参加するようになれば、巨額のお金が不要になります。そうなれば、そのお金を別の社会的な課題を解決するために使用できるということです。例えば、福祉や高齢者に関する問題へもっと税金を振り向けることができる。だから、その発想はパリにはなかったけれども、日本発の活動、日本の文化がパリ全体に広がれば効果的だという意識が出てきたようです。だから、パリのチームは積極的にやっています。

このように海外での成功例があって、海外からも問い合わせが来るようになりましたので、海外でもグリーンバードのチームをどんどんつくっていきたい。２０２０年に東京オリンピック、パラリンピックがあります。その時に日本の街は、行政や民間企業ではなく、非営利のみんなの力できれいなのです、と言えたらば、とても日本はかっこいいのです。ただ日本の街がきれいなだけではかっこよくないのです。だから、それを目標にして、20年までに国内と海外あわせて

100チームに増やしたいのです。もちろん、それら全チームは、ゴミ拾い以外にも、地域づくりの活動へ広げていきたいと思っています。

ここでもう少しだけ、活動の原動力についていいたいのは、内閣府の意識調査によると、いまの生活に満足しているのは約8割という事実です。つまり意外にも日本人は結構生活に満足しています。ただし、この満足度の高さが社会活動への参加を抑えているのではないかと考えています。

ところが、10年後の社会を考えてみれば、例えば75歳以上の高齢者が2000万人で5人に1人になる。他方、**介護離職者**が10万人前後といわれていて、10年後には確実にいろいろな課題がたくさん降りかかってきます。皆さんが30歳、40歳と働き盛りになる時に、大きな社会問題に直面します。その時点で社会活動に参加するのが「2：6：2の法則」のとおりだと、非常に不足だと思っています。もう社会活動が税金だけでは追いつかない時代になっているでしょう。その時にあわてても遅くて、NPOとか民間であっても社会問題に関係する業界へ多くの人たちが就職するとか、もっと寄付が集まるとか、いまから流れをつくっておかないといけないのです。

「社会問題」へ立ち向かえ

皆さんは偶然にも今日の僕の話を聞きましたね。聞いちゃいましたよね。

ゴミの問題は実は深刻です。ゴミに限らず社会問題がたくさんあります。それらを解決することを専業にするNPOなる非営利組織があります。そのN

ＰＯはきちんと人々を雇っていて、給料も出ている。というように知ってしまったら、それでは皆さんは、これからどうするのか自分で考えて欲しい。僕は、まだまだ解決できてない社会の問題が多いことをまず知って欲しい。それから、僕たちのような活動にどんどん参加して欲しい。

というのはこれから皆さんの職業生活でも大切な要素になるからです。ある通信会社の方にお話を聞いて気づかされたことですが、その会社は、たくさんの優秀な社員を選んで東北の被災地に派遣しています。どうしてなのか。それはその会社が今後は日本が社会的に抱える問題を解決することがビジネスチャンスになると考えているからです。被災地で得る知識や経験は、リソリューションの能力の向上につながる。つまり将来の会社を支える人材を育成するために優秀な社員ほど東北に向かわせているのです。

皆さんは就職活動する時によく考えて欲しいのですが、これだけ企業が多様な商品やサービスを提供して、もうあふれてしまっています。これから世の中で必要とされる商品やサービスを生み出せないと淘汰されてしまい、生き残れません。それらの商品やサービスは、突き詰めれば、生活に密着していて、社会が抱えている課題を解決するものならば絶対に売れるのです。ですから、社会の課題とは何だろうとか、実際に自分の周辺で発生している課題を解決するにはどうするか、とか頭のどこかで考えて欲しいのです。

では、本当に今日から社会的な課題に立ち向かう活動に参加するための始め方としてはどうするのか。それは6点あるのですが、時間が迫っているので全部説明できません。簡単にいうと、世の中のいろいろなところへアンテナを張って、何かに出会った時に解決できる状態にしておくことです。詳しくは、先ほど紹介した僕が書いた本を読んでください。

僕もそうだったのですが、学生の時期は、日々悩むことばかりでしょう。在学中でも卒業後でも本当はいろいろな選択肢があります。在学中には、サークルや部活動があり、またバイト、合コンもあるでしょう。卒業後は企業に就職する人が多いのでしょうが、ＮＰＯに就職するのもいいでしょう。選択肢が多いということは悩むことが非常に多くなります。

僕の経験からいえばやるべきことがたくさんあって忙しい。当時アルバイトをたくさんしなければならなかったので、サークルは回数が減ってしまう。留学もしたかったけれど結局アルバイトと飲み会だけになってしまった。どうしてだろうと。楽しくないわけではないけれど、選択肢がいっぱいあるのに、もったいないなと思ってしまいました。それが一〜二年生の時です。このままだと4年間、酒を飲んだだけで終わってしまう。それで一年生の終わりに方針を変えました。つまり、迷ったら、悩んだら、何かをあきらめて何かを選択するのではなく、全部やろうと心に決めたのです。そうするともう言い訳ができなくなりましたが、楽になりました。

アルバイトもするし、留学もするし、合コンもするし、資格も取るし、部活もするということを決めました。何も排除しなくて、時間が続く限り、自分が倒れるまでは、何をやらないのではなく、全部やる。やってみてこれは違うなということなら、やめてしまう。すると、自分で選択肢をつぶしたのではなく、全部やる中でやめたのだから、後悔せずすっきりします。悩む必要はなくなるから楽になります。この方法はとてもうまくいきました。

だから何も選択肢を排除しないで、挑戦していく。たまたまＮＰＯの話に興味を持ったのなら、やるかやらないかで悩むことなく、やってみることが大事だということを伝えたいのです。

グリーンバードは学生が多いので、よく就職活動の相談に乗ります。就職活動に入るまで何もしてこなかったとか、何もアピールするものがない、という学生が多いのです。しかし、グリーンバードに参加しているだけで十分だと思います。別に特別なことで大きくＰＲしなくても、身近なことで、小さくてもいいから動いてみたら、仲間ができて、地域のことを考えて、という経験は実は大事なことです。

全国のグリーンバードは、皆さんの近くにもありますので、見つけたらぜひ参加して欲しいと思っています。また、グリーンバードのホームページで、「学生チーム」というところをクリックしてもらえば連絡がとれます。國學院大學のある渋谷には、渋谷チームもあります。渋谷チームは土曜日に活動しています。申し込みは不要です。集合場所に手ぶらで来てもらえば、参加できます。一人でも歓迎します。というのは、毎回、半分くらいが新しく参加する人たちですから、交流を楽しみながら活動してみてください。それから、実は下北沢チームには國學院大學のボランティアサークルの人たちが参加しています。

グリーンバードで活動するのもいいし、話を聞いてみたいとか、インターンシップがやりたいとか、興味を持ったらぜひご連絡をお待ちしています。

キーワード

○ NPO（Non Profit Organization）

日本語では「非営利組織」。NPO は営利を目的とせず，社会的な目的を達成するために活動する民間の組織・団体である。単なるボランティア団体と異なり，規約を有し，役員などの組織体制を整えて活動を行う。

○ユネスコ（UNESCO：United Nations Educational, Scientific and Cultural Organization）

日本語では「国連教育科学文化機関」。1946年に設立され，本部をパリに置く国連の教育や文化の振興についての活動を行う国際機関である。「世界遺産」の取り組みが有名であるが，途上国の教育普及活動や貧困問題についての取り組みなども行う。

○人件費

人を雇用することで発生する費用。給料や手当，ボーナスの他にも，社会保険料の負担費，社宅，社員食堂などの福利厚生費や退職金費用も含まれる。広い意味では，採用費や教育訓練費も入る。

○パレートの法則

イタリアの経済学者ヴィルフレド・パレートが統計分析を用いて明らかにした所得分布の不均衡を表す法則。２割の高所得者が社会全体の所得の８割を占め，８割の低所得者が残りの社会全体の富の２割を分け合っているということが本来の意味。援用され，「80：20の法則」としてさまざまな現象が説明されている。

○介護離職者

介護の担い手となったことで仕事との両立ができなくなり離職する者。高齢化の進行により介護が必要な国民が増加することで，介護離職者だけでなく，将来の潜在的な離職者の増加も加速している。

第4講

プロフェッショナル経営者の体験的経営学
―企業経営とマーケティング―

米田幸正（大王製紙株式会社
社外取締役）

プロ経営者として

私は小売チェーン店企業や製造企業の経営をたくさんやってきましたから、学生の皆さんがドラッグストアの店頭、スーパーマーケットの店頭でアルバイトをして活躍していることをよく知っています。私は若い人が大好きですから、いつもお店で声をかけて話をします。すると、若い人たちからすごいエネルギーをもらうことが多いのです。ですから、今日も、皆さんにお話をしてどういう反応があるのかすごく楽しみにしております。

皆さんは18～22歳というところでしょうか。例えば、18歳の人なら10年後、28歳になっています。それは会社に入って5、6年が経過した時で、ようやく社会のことがわかり始める大切な時期だと思います。また、さらに10年後には自分の家庭を築き、生涯の設計をしていかねばなりません。ですから今日は、経営の話だけでなく、10年後のことを視野に入れた私の想いも伝えるつもりです。

今日は、まず、経営のプロとして自らが体験したことを話したいと思います。いつでもどこでもそうですが、私は現実に体験したことしか話しません。それから、企業経営ということでいえば、企業と市場の関係、つまりマーケティングについて、さらに国際事業についてもお話したいと思います。最後のほうでは、ちょうど今の皆さんと同じ年齢の時の経験と、28、29歳の時の経験を伝えることで心の栄養になればと願っております。

また、10年後の自分の視野から今の自分を見て、何をすべきか何ができるのか、自らの指針を作り出すことが大切です。それは何をしたいかという望みを持ち、そのことを信じて立ち向かうことです。

企業経営とは何か

さて企業経営とは、と考えてみますと、企業の使命、価値、活動の3つに分けることができます。企業という言葉は知っていても、これから経験するわけですから、イメージがわかないでしょう。実は私も企業を設立した経験は一度もありません。しかし企業を経営してきた立場からいえば、大事なことはその企業の使命は何なのか、ということです。企業の使命を常に心に置いて欲しいのです。企業の使命とは、いわゆる経営理念、社是とか企業を精神的に支えるもので企業の活動を支える最も大切な道標になるものです。英語ではミッション・ステートメントということになります。

この企業の使命を持っているかどうか、社員の人たちの心の中にもちゃんと軸になっているかどうか、それによって、企業の行動や規範というものが非常に変わってくるのです。私が経験してきたことですが、企業というものは、働く人の心が変わればものすごく変わります。例えば、働く人の心が枯渇してしまえば、企業が一気に転げ落ちていきます。

そこで、社業つまり自分がいる企業は何であるかが大切です。私が経験してきた会社は商社であり、製造業であり、販売業でした。ドラッグストアも経営しましたが、ではドラッグストアって何だろうか。それはお客様の健康を願いながら、商品を販売していくのですが、社会にどう貢献していくか、向き合っていくかということです。社員の人たちがそれをわかっていなければならないのです。

こうして企業活動を通じて利益が生まれるのです。次にその利益をどう使うかということが企業の利益の共有ということなのです。利益を共有したら企業の次の革新に使っていくのです。よく業容拡大とか言われるのですが、企業の戦略の中で進化していくことです。成長は放物線になりますが、その放物線をもうワンランク上の規模に上げることが進化です。

つまり、企業が努力して利益を上げてそれを使うことで顧客満足や支持を得る。単なる金儲けではなく、お客様の健康の維持や増進を願って前向きに活動します。即ち、生活環境を豊かにする商品を届けることに尽力することで、顧客からの評価、市場からの評価を得ることになり、社会への貢献が顕在化するわけです。

この活動の過程では、利益を自社だけにとどめず、社員教育のため、革新のため、社会への貢献のため、というように分け合う、つまり**プロフィットシェアリング**を続けていきます。そのためには利益が必要で、利益を上げないと社会に貢献できない。他方、企業は利益を上げるとおよそ半分は税金で払うことになります。税金で払うという表現は変だと思われるかもしれません。しかし企業が国へ支払うことの意味は大きいのです。なぜならその使途を国に託すことになり、多様な公共分野とか国民医療や福祉分野などさまざまに使われます。企業の集団が利益を上げないと国が回らない事実をもっと認識すべきです。ところが利益を上げていなくて税金を払わない企業が多くある。そこでは利益を創出する仕組みをつくる企業努力が必要とされています。よく社会貢献活動で植樹をしている企業とかがありますが、環境のために木を植えることは素晴らしいことですが、企業が利益を上げて社会貢献していく最も大切な事実を誤解して欲しくないのです。

そのために経営者たちは、わが社はこういう方向に向いています、こういう方針で行っています、わが社の社会に対する貢献はこれです、ということを明確にして実行できるようにします。いくら経営者が頑張って自分だけの手柄にして自慢しても会社の成長は限られています。50人でも１００人でも１０００人、３０００人でもそうですが、その社員が会社がこうして社会に貢献するのだと、周知徹底して社業を実行することで利益を生み出し維持・拡大しているのです。その意味では人材の育成が企業にとって極めて大切です。

ですから私は、これは造語なのですが、「人財連鎖」という経営哲学を持っています。企業を経営していくには常に人を育てることを怠ってはならないと思ってきました。皆さんはまだ学生で生産的な活動はしていませんので、「人材」つまり材料なのですが、企業に入るとできる限り多くのことを学び経験し、「人財」つまり財産になってください。会社で学んだことは個人の財産ではなく、企業の財産つまり資産であり、だんだんと年輪のように重なっていく。この人材から人財への連鎖がうまく回れば、会社の層は強靭になり利益を上げることにより社会貢献を維持・拡大することが可能となります。

マーケティングと「顧客視点」

次にマーケティングの話に移りますが、小売業、製造業を経営してきた経験から話をしたいと思います。

企業の活動と市場の関係は、フィリップ・コトラーのマーケティング3.0とか、第3世代市場とかいろいろありますが、顧客視点によるその期待が何であるかが重要なポイントです。顧客の購買動機、つまり何かを買おうと思う時に、何をイメージするかから始める。購買の動機から購買の決定までどのような行動をとるのかを言行一致させることです。これは売れるのではないかとか、売れるはずだとかということではなく、顧客の購買への事前期待を読み取り、売場できちんとそのシナリオが実現できているかどうかです。

例えば、ドラッグストアでお客様がいます。いま日差しが強いからＵＶカットのクリームが欲しい。その場合、どの商品がよいのか。テレビＣＭを思い出してＵＶクリームを想像しました。その想像を購買動機の発生から頭の中で作りあげていく。するとその商品ならマツモトキヨシ、スギ薬局、ハックドラッグのようなドラッグストアで買おうとか、近くのスーパーとかコンビニ、あるいは百貨店だろうとかある程度想定して出かけて行きます。これは業態の選択をしているのです。

また、購買方法の期待というのもあります。特定の目的がなく、どういう店があるのかなと思い出かけてみてちょっとおしゃれな商品を買おうかな、といった場合です。そうなると、おしゃれな商品のことがわからないから話を聞いてみたい。するとちゃんと接客をしてくれるところを期待して、サービスの確認が始まります。

このように、購買行動の事前確認というか、歩きながら記憶を確認しながら、店に入る前に事前の期待を完成し、店内に入っていよいよ購買の決定をすることになります。その動機から実現するまで、自分にとって最適な商品をイメージしながら商品を選びます。

さきほど言行一致と言いましたけれども、小売業であれば、最も重要なのは、そういったお客様の事前の期待を読み取って、売り場でどう対応していくかということです。顧客の動機があって、それに見合うものがあれば事前の期待が実現されて満足とともに商品をショッピングカートに入れて、レジで支払いをしてくれるという一連の行動になるわけです。

そのことを一致させるために大切なことは、カスタマー・コミュニケーションであり、お客様にお声をかけて、どういうことを求めているのか、どういうことで悩んでいるのかを聞きとることです。次にその悩みを解決する行動です。つまりカスタマー・ソリューションです。その対応が適切に行われた時に初めてお客様の購買決定につながります。こうした一連のサービスにお客様が店を出る時に支払ったコストに対してバリューが合致したという満足の認識となり、まさに言行一致の成立です。

顧客視点の本質を話そうとして少し難しくなりましたが、わかりやすく言うと、入店時の「いらっしゃいませ」と、最後にレジで購買が完結して「ありがとうございました」との間には、小売業の哲学として、非常に深い意味があるということです。小売業でなくても飲食業でもサービス業でもそうですが、一日に何十回、何百回も発するその二つの言葉の間に、お客様とどれだけの会話をすることができているかということです。

接客七大用語とか、杓子定規なことを言うことではありません。「いらっしゃいませ」と言ってから、「お客様がお使いですか」とか、「お風呂でお使いですか」とか、「何に使われるのですか」とか、「お子さま用ですか」とか、そういうことをお声がけすることで、お客様から返答を得てその要望を解決する。それがきちんとできるとお客様は満足しますし、次回も来店するのです。それが顧客満足であり、さらに店舗の従業員にとっても自らの貢献感を満たし自身の仕事への意欲にもつながることになります。

私は製造業と小売業の社長を経験しましたが、小売業を長く経営して言えることは、やはりお客様への最後の砦が店舗ということなのです。メーカーでは製品の開発をして生産し、安全安心を目指した品質管理をしたうえで出荷するのですが、店舗の売場に並んだ時にその価値を伝えることができなければ、その価値はゼロになります。そこにどれほどメーカー側が小売業側の「いらっしゃいませ」と「ありがとうございました」の間にどれだけどのような情報を伝えているかなのです。そのことに無関心なメーカーの製品はもはや価格でしか価値を問えないものになり、**コモディティ化**してしまうのです。カスタマー・バリュー、つまり顧客が払うコストの価値を伝えられるかどうかは、製造と販売のタッグマッチが必要になります。例えれば、セリフのないパントマイムではなく、感動のあるセリフがあってこそ拍手を得ることができるわけです。

国際経営の内実

国際ビジネスについての話もしたいので、それに関連して自己紹介すると、私は伊藤忠商事で27年間のキャリアの中でいろいろな国を回りましたが、特にアメリカのデトロイトには7年間、家族とともに現地に駐在しておりました。国際事業というと、よくグローバルビジネスとかいわれるのですが、これを誤って使っている人が多いのです。例えば政治家もまた経営者もグローバル化とかグローバル戦略とか流行で使いますが、何の意味ですかと問えばほとんど具体的に答えられない状況に遭遇します。私の体験になりますが、国際事業を実体験した人間からすると、インターナショナルとグローバルとは異なるというべきだと思います。

総合商社は、もともとイギリスの**東インド会社**を基礎にしたものですが、業態や業種としてはほぼ日本にしか存在しません。もちろん、日本の経済を戦前、戦後と牽引してきたのが総合商社であることも事実であり、早くから海外に出て国際ビジネスの創造をしてきました。私自身も地域としては多くを経験してきました。

インターナショナル化というのは、自国の製品や技術をもって海外に進出することであり、日本の経済成長期に一元的に展開してきたものでした。

それではグローバル化とは何かというと、商社流で説明します。グローバル化というのはグローバルマインドやグローバルスピリットを持った人材が他の国で市場化を図ることなのです。まずグローバルマインドですが、各国には血族が違うためそれぞれの文化があります。アラブ世界であればアラブ文化があり、アジア民族だったらアジアの文化があり、それも東南アジアと東アジアの文化はまた違うし、それから、北米と南米も文化が違いますし、ポリネシアはポリネシアの文化があり、ヨーロッパ文化、ラテン文化もあります。日本の文化で世界を推し測る時代ではなく、それぞれの他国文化の物差しを理解することが大切なことです。私自身は、大学では外国語学部で比較言語学を専攻していたので、商社に入ってグローバルマインドを理解するのにとても役に立ちました。

また、グローバルスピリットですが、グローバルマインドを持った人間が、現地に入っても、現地の文化と日本文化を同位化して活躍してやろうという志のことです。国際基準人材というか、要するに国際事業で、国際市場で働けるだけでなく、その現地の国にも貢献しながら活躍できる水準の人材を育てなければならないことです。英語や中国語ができるのは大切だけれども、やはりグローバルマインド、グローバルスピリットを理解して突き進む人材を育成することが一番重要なのです。

それぞれの国にはモラル、社会規範がありますし、法律、宗教の違いがありますから、さまざまなリスク、さらにタブーもあります。それから血族の違いがあります。地理的な、つまり高地であるのか、平地か沼地なのか。非常に寒いのか、暑いのかとかも違います。これらはみな文化の違いにつながります。

それから、社会制度が違います。例えば、学校制度も日本なら6・3・3制ですが、他国は違います。社会的な制度の違いもよく理解して、現地に入りこんでいく。現地で制度になっている社会規範を理解したうえで、事前に準備してその現地に入っていくことです。

ですから、要するに日本の文化をよく理解し、あわせて現地、つまり地域や国の文化と何が異なるのかということを理解して、日本のサービスや製品や、事業の仕組みを適応させて投下することであり、そのように多様化と市場化を図るのがグローバル化なのです。それらを理解しないで国際事業を開始しても、本当に多くのことが徒労になりかねません。

国際事業「現場」の実体験

これらのことを私の体験を紹介しながら掘り下げたいと思います。皆さんは平成生まれですが、私が商社マンをしていた時代は昭和の時代であり、想像もつかない大変な時代だったのです。しかし、時代が違うということだけで片付けないで、どの時代でもそこで生活し働いていた人間のDNAのようなものがあるはずです。それをお伝えして皆さんの10年後を考える糧にしていただきたいのです。

さて昭和40年代、50年代、特に50年代高度成長期の最盛期ですが、毎日会社に泊まり込んで働いていました。過労死などが問題視されながらも、「労働基準法」は実際にはあまり機能しない時代でした。

いつも会社に下着を4、5枚と持ち込んで、夜になっても風呂に入れず身体を濡らしたタオルで拭いて夜中まで働いていました。書類を作成したり、時差を利用して海外へ電話したりと徹夜が続いていきます。たぶん、どうしてそんなに懸命に働くのかという疑問がわくかもしれません。

給料のために働くといわれそうですが、当時は現在のように業績評価などが整備されていないので、業績や力量であまり給料に差はつきませんでした。一所懸命働いても、給料もボーナスもほぼ同じで、もちろん残業代がつきますがそれほど大きな差にはなりませんでした。

では、どうしてそんなに働くのか。その答えは当時でしか通用しないかもしれませんが、皆さんの平成時代にも考えて欲しいと思うことでもあります。

それは昭和の時代には、自分たちが一所懸命働くことで、自分が生まれて住む国である日本の成長を実感できたことです。自動車会社なら車の輸出、家電メーカーなら家電の輸出、あるいは鉄道車両も船舶も輸出しましたし、製品の輸出だけではなく技術や生産プラントづくりも海外に拡大した時代でした。

その担い手として、自分たちが一所懸命働けば働くほど、日本が経済的成長を達成し日本人の生活が豊かになっていったのです。現在の皆さんの生活で当たり前のことが当たり前ではなかった時代の日本を想像してみてください。自宅にはエアコンどころか扇風機もないし、トイレはウォシュレットどころか、水洗トイレもない。自分たちが頑張ってどんどん働くほどそういう時代の日本人の生活が豊かになっていくことに直結しているのですから、大変ながらも、働くことにとても幸福感を実感できる時代でした。

それでは、時代が違うのですが、改めて皆さんが国民として生きているこの日本という国はいったいあなたとどんな関係になっているのでしょうか。あまり意識していないと思いますが、簡単にいうと、皆さんは日本国と生きるという契約をしています。住民税や所得税など税金を払い、国が豊かになることを願う国民がいます。その豊かさを求める国民が多ければ多いほど日本は豊かになります。私たちの世代はそれを昭和の時代に実感できました。それに対して、平成時代は、皆さんは実感できるような環境が多くないと思います。ジャパン・アズ・ナンバーワンといわれた時期もあって、未曽有の成長を遂げたがゆえに謙虚ではない情勢の中で国の豊かさの背景と国民の契約について、次の世代に伝えることをあまりにも怠ってきました。しかし、自分の努力と豊かさの直接の関係を実感することは難しいかもしれないが、平成時代でも国民と国の関係は同じです。

近年の中国や韓国はまさにそのことを経験し実感しているわけです。だからこそ、国が強いのです。別に軍国主義の話をしているわけではなくて、日本を強くする、再び強くなり、国が、国民が豊かになることに尽力することは素晴らしいことではないでしょうか。それを考えて欲しいのです。

もう少し具体的に体験を話していきましょう。私が28、29歳頃が一番忙しかった時期でありま す。具体的に何をしていたかというと、北米大陸全体を市場として自動車のビジネスを展開していました。訪問していないのは、北米大陸ではニューメキシコ州だけです。すべて自動車で駆け回っていました。

当時、世界一の自動車メーカーだったジェネラル・モーターズ（ＧＭ）が、日本のいすゞが製造した乗用車や小型ピックアップトラックをＧＭのブランドで全米に販売するプロジェクトに従事していました。そこで、アメリカ全土でその車種を販売する市場開拓をしていったのです。各ディーラーを訪問して、車種を販売することを交渉することから始まり、契約に基づき日本から輸出する仕事です。

例えば、シボレーLUVという車種がありました。現在でもタイやインドネシアでものすごく売れていますが、当時、ピーク時には年間30万台近くを輸出していて、アメリカのピックアップトラックと呼ばれる小型トラック部門でベストセラーになりました。

輸出といってもあまりご存じないでしょうから、少し輸出風景を話しますと、近くでいえば、横浜の大黒埠頭などに行けば、輸出する自動車が自走式でどんどん専用船に入っていく風景が見られると思います。その大型の船で太平洋を渡ってアメリカに輸出するわけです。ただし、私が担当していた当初は、最初はリフトで1台ずつ専用船に積み込み1回当たり３００台から４００台を輸出していました。その後に効率を図るために、自走式で６０００台を積み込める専用船の開発を行うに至りました。また市場開発には、10kgに近い資料などを両手に持ち歩いていました。自動車で全米各地を回るのですが、その1つはタイプライターであり、現在ならiPadやスマートフォンでも簡単に文字が打てるのですが、当時はすべてアナログで、タイプライターでレターや契約書をつくるのです。当時オリンピアという最新鋭機で自分の給料1カ月分より高額なタイプライターを駆使して英語で作成しました。

また、現在なら、スマートフォンに映像を入れて、Bluetoothでつなげば映像、動画を映せるわけですけれども、当時は、エルモという8ミリ映写機を使用していました。いすゞのテストコースで、ピックアップトラックが疾走し性能テストをするのを自分で撮影したものを、相手のオフィスに訪れ、白い壁を探して映写機を操作して、その音がない8ミリ映像でプレゼンテーションを行うのです。

これらのタイプライター、映写機の他に、アタッシュケースにカタログ、写真、仕様書、サービスマニュアルなどの資料を入れて10kg近くの荷物を持ってディーラーからディーラーへと訪ね回りました。資料をつくり、プレゼンテーションをするために、本当に必死になって英語を勉強しました。

さて、ある日アポイントがとれて、ロッキー山脈の真ん中にあるコロラド州デンバーのディーラーを朝7時に訪ねた時のことです。映写機で映した映像について十分に説明できるように事前に英語のプレゼンテーションの準備をして臨みました。実際にきちんと英語で20分くらい説明したのですが、説明の後、即座に社長から「お前はダメだ、帰ってくれ、時間の無駄だ」といわれたのです。わざわざデンバーまで出向いたのに、とあきらめきれず、いろいろ交渉したのですが、何をいっても帰れといわれます。目に涙があふれながらホテルに帰りましたが、この涙で学んだことがあります。しかし、28歳の私には、すぐにはわかりませんでした。むしろ、社長を恨んだり、罵ったりしていると、余計にたくさんの涙が出てきました。しかしながら、結局帰された理由を何度考えてもわからず、一睡もできず朝食もとらずに考え続けていたら、あることに気がついたのです。何度も英語のリハーサルをして完全にプレゼンテーションできたのですが、自分を問いただしたら、セリフを読んでいただけだったと、わかりました。要するに心が通っていなかったのです。

そのまま再度ディーラーに出向き、午前7時前に駐車場で社長が来るのを待っていました。社長が来たのでもう一度話を聞いて欲しいとお願いしましたが、拒否されました。しかし5分間だけということでオフィスに入れてもらえました。私は正直に考えたことを伝えました。自分でつくって練習した英語のセリフを読み上げただけだったと謝り、「私はこの車のよさを自分で体感しており、この車を愛しているからお願いに来たのにもかかわらず、この車を愛している気持ちを伝えていませんでした」といった時、「よくわかったな」と社長が声をかけてくれました。

「おまえは、会社の社員としてこれを売っているかもしれないが、俺たちのような弱小ディーラーは、おまえが持ち込んだこのピックアップトラックが売れなければつぶれるかもしれないのだ」「もし売れなかったら俺は社員たちとその家族たちを路頭に迷わすのに、セリフを読みにきている相手とは契約できないのだ」など次々に厳しい言葉が続きました。「しかし、この車が大好きな人間で本当にそのとおりの良さがあるのなら、契約を考えてもいい、サインするよ」と言われた時、昨夜からずっと流した悔し涙よりもたくさんの涙が出ました。

この社長の名前はいまなおよく覚えていますし、その件からおよそ20年にわたり交友関係がありました。この人のおかげで、ビジネスの指針を指し示されたことを骨身に染みて理解できましたし、いまも製造業あるいは小売業における、自身のビジネスの軸として大切なものとしています。

だから、もしも、今後、皆さんが卒業して海外事業に携わる時に、自分が託された商品、自分がつくった商品などをどれほど愛せるか、本当に愛しているなら、心の通った説明をすることが大切です。完璧に英語が話せるかどうかではありません。例えば、英語がうまくなくても、自分の言葉で、商品のことを伝えることのほうがよほど大事です。本当のビジネスであり、本当のマーケティングだと思います。私の経験上、それがわかっているからこそ、先ほど話したように、例えば小売業であれば、商品の情報を伝えることが最大のポイントであり、「いらっしゃいませ」と「ありがとうございました」の間に、マーケティングの基本が凝縮されるわけです。少々自分の話で熱くなっていますが、ぜひその想いを理解していただきたいのです。

さて、ここから少し私自身の経歴を紹介しながらお話しようと思います。皆さんが10年後を考える時に、そもそも大学生活について考えて欲しいからです。

10年後を考えるために

私は履歴書を書けば、確かに後ろのほうになるほど、大企業の役員とか社長を経験しています。幸運でありましたが、やはり自分が一所懸命努力した証でもあります。けれども、皆さんにお伝えすべきと考えているのは、経営者になる以前のことです。しかも、先ほど述べた国際事業の第一線にいた時の話よりもそれ以前の大学生時代のことなのです。

私は1950年に生まれ、68年に高校を卒業しました。その後、72年に大学に入学し、76年に卒業しています。ただし、大学入学時は夜間部に入り、74年に昼間部の編入試験を受け転部しました。

つまり、高校卒業と大学入学までに3年間のギャップがあります。現在64歳ですから来年は前期高齢者になります。私たちはいわゆる「団塊の世代」の最後のところなのです。高校卒業当時の日本はどういう時代かというと、大学紛争の最中で、高校生もヘルメットをかぶって運動をしていた人もいました。それで私は心の中では大学に進学することにあまり価値を認めていなかったのです。ですから、大学受験では、親に偽って全科目白紙で提出しましたから、当然不合格になり、それである企業で就労しました。この会社は、現在のＪＲつまり当時の国鉄の長崎本線の終点である長崎駅にある国鉄の下請け事業の会社でした。仕事の内容は列車整備と清掃でした。終点駅に入ってくる列車は、整備場の建屋の中に入りますが、この列車を洗浄ブラシを使って手作業で洗車し、列車内をホウキや雑巾で清掃するのです。毎日作業服を着て、ヘルメットをかぶって働いていました。

１９６０年代の客室内は、現在の風景とはかなり違っていて、通路はゴミや新聞紙、食べかけの弁当箱やビール瓶などであふれて、とても臭く汚いものでした。現在、タイやインドネシアの列車がよく汚いといわれますが、かつての日本の列車もそれと同様で、現在の日本がきれい過ぎるのです。また、最近はゴミを捨てるマナーも根付き、ゴミ箱に捨てたり分別したりしますが、当時はまったくそんな公衆意識はありませんでした。

毎日、トイレを掃除したり、汚物を引き抜いてタンクに入れたり、列車の下に潜り込んでピットに入ってバッテリーの交換や機械の整備をしたりすることを続けていました。１年間が経過し19歳になると、総勢35人の班を任され、班長になりました。一所懸命働けば、昇進させてもらえると思ってさらに精力的に働きました。

しかし、2年目を経過した時に、この列車整備場に23歳の大卒の国鉄職員が配置されてきて衝撃を受けたのです。所長はこの職員の父親くらいの年齢で、自分の息子のような若い社員にきちんと頭を下げ、非常に丁寧に接して仕事内容を説明していました。その時に、大卒は扱いが違うな、学歴が高いと若くても高い地位につけるのか、と思っただけでしたが、すぐにその誤りに気づいたのです。というのは、その大卒と自ら話してみて、その話し方だけでなく話の内容が理路整然としているのです。自分を振り返ってみれば、35人を率いる班長になったけれども、朝礼で、今日は「これをやろう」とか、「頑張ろう」とかいっているだけでした。また業務改善ができそうだと思って書類を書こうとしても、文章の構成が思うようにならない。しゃべることも報告する内容も稚拙ということを愕然とするほど思い知りました。このショックはとても大きく、退職する決断となりました。

そこから、大学入学を目指しました。しかし、もちろん仕事ばかりしていたためまったく勉強はしていなかったのですが、予備校にも行けず、高校時代の教科書で7カ月間猛烈に勉強をしました。実は父親が厳格な人間だったため、自分で選んで進学を断念したため、学費も生活費も一切支援しないと告げられました。

いままで通りの生活を維持しながら大学に行くために、昼間部ではなく夜間部へ進学し、日中には働いて学費と生活費を稼ぎ、夜は大学で勉強するという選択でした。また学費の面で私立大学は断念し、故郷の北九州市にある北九州市立大学を受験し、合格しました。入学金、学費は何とか昼間の勤務で払える額でした。実際に昼間には、ビル清掃、浄水タンク清掃、大学の事務など稼げそうなものをいろいろ一所懸命やりました。しかし、夜間の授業は無遅刻無欠席をやり遂げました。

夜間部は勉強したい学生にとっては、授業内容がとても面白くて、しかも学友が多彩でした。当時、父親くらいの年齢の人で戦争のために大学に行けなかった男性とか、親から女性には大学は必要なしといわれたがあきらめきれなかった女性とかがいました。だから意外と夜間部には女性たちが多く在学していました。男女年齢を問わず、90人の夜間部の同期生が一緒に勉強していました。私は、２年後、編入試験で３人の募集があったので、猛勉強の上、試験に合格して昼間部に転部することができました。

昼間部では、今度は逆に夜間に働いて学費を稼いでいましたが、苦学したとは思っていません。昼間部への転部を自分が卒業後に改めてやり直し働きたいというスタートと考えましたし、崖っぷちのような生活ではなくて、自分のために自らがわがままで選んだ道なのですから当然です。

結局、とても充実した4年間で卒業し、採用していただいたのが商社でした。いまでも本当にそう思うのですが、商社での仕事、社会人の生活にとって、大学生の4年間が自分の栄養と活力になりましたし、いまでも常に厳しく自分の背中を押してくれていると実感しています。

こういう話は皆さんにとって他人の体験談になるのかもしれませんし、苦労話の説教にも聞こえるかもしれません。しかし、どう思われるかは別にして、経験上、いちばん伝えたいのは、大学生活は安穏と過ごそうとすれば過ごせる場所だということです。反対に積極的に勉強しようと思えば本当に勉強できて実りあるものが多くありますし、楽しい生活になります。その過ごし方はもちろん、皆さんの心の判断になりますが、一つ覚えておいて欲しいのは、日本の大学の卒業生は、在学中に勉強した専門性が活かせるとは限らないということです。欧米の大学ならば、あなたの専門性は何かと問われ、専門性を尊重されたりしますが、日本ではまだまだ一部しか活用できていません。

ここで私の話を思い出して欲しいのですが、私は大学で比較言語学を学んで伊藤忠商事の仕事で大変に役に立ちました。実は大事なことは、大学の4年間で何を自らが積極的に学んで、自分の考える力、自分の背中を押す力を身につけて、そのことを理路整然と人に伝えることができることだと思っています。

これは経営者になって反対側に立ってみるとよくわかります。今度は私が経験者・経営者として若い入社希望者たちを採用する際に、もちろん、専門性が高い方がベターですけれども、この人は大学時代にどういう生活の仕方をしてきたか、ということは非常に重要なポイントです。ですから、この点を暗にいろいろな角度から聞くようにしており、実際に返されるその言葉の中にあらわれてくるものです。

さあ、皆さんはどういう大学生活を送って、10年後を迎えるのでしょうか。私は経営者として、会社でよく使う言葉ですが、「カラスの巣の知恵の力」ということがあります。

蜂はご存じのようにハニカムといって、環境の優れた巣をつくりますが、この蜂の巣の一部を切り取ってしまうと、外気が通ります。すると、蜂は蜂の子を捨てて逃げていってしまいます。これは生命の営みをやめてしまうに等しい行為で、非常に頭がいいけれど非常に弱くもろいのです。

また、燕にたとえると、燕の巣が最近の都会ではみられなくなりました。材料である良質の藁とか土があれば軒先に巣をつくれるのですが、その材料がないからです。したがって、その意味では燕も弱いのです。

それに対してカラスは非常に強い。カラスは都会でも巣をつくれるわけです。木の枝と藁の材料がなくても工夫をしてしたたかに巣をつくってしまう能力を持っています。木の枝がなければ、クリーニング店の針金のハンガーをみつけて木の枝の代用部品に仕立てて巣枠をつくってしまいます。また藁がなくても、捨てられた雑誌や新聞紙をやぶって藁や木の葉の代用にして詰め込んでしまう。材料がなければないで、工夫して生命の営みができるのがカラスなのです。ですから、いわばカラスの知恵から学び、逞しい知恵のある強い企業になれることを願い、いつも話しているのです。この点も、企業経営にとってとても重要な能力だと思っています。

もちろん、企業にとってだけでなく、これからいろいろ苦境に立つことがある皆さんにも、臨機応変に対応する、いわば「変応力」（変化対応力）がある強い人たちになって欲しいのです。

キーワード

○プロフィットシェアリング

企業の獲得した利益を会社とステークホルダー（株主，従業員，債権者，国，地域社会など）で分け合うこと。CSR（企業の社会的責任）活動の一環である。

○フィリップ・コトラー

現代マーケティングの第一人者であり，米ノースウェスタン大学ケロッグ経営大学院教授。コトラーの著書『マーケティング・マネジメント』は，世界の大学・大学院で最も読まれたマーケティングの教科書として知られる。マーケティングを体系的な学問に確立させたコトラーの著書は，学生からビジネスマン，経営者まで広く愛読されている。

○マーケティング3.0

マーケティングの進化をコトラーは３段階で表した。第一の段階として，製品を売り込むことを重視したマーケティング1.0。次に，消費者を満足させつなぎとめることを目的としたマーケティング2.0。そして，収益性と企業の社会的責任を両立させる考えをマーケティング3.0と呼び，マーケティングの新たな概念として提唱した。

○コモディティ化

製品の品質や機能，デザインなど顧客が重要と考える，ブランド間で提供する価値に大差がなくなり，差別化が困難になった状態を指す。コモディティ化が進むと，もはや価格でしか価値を問えない状態になり，熾烈な価格競争が繰り広げられる。

○東インド会社

1600年にイギリスでエリザベス１世により設立された国策貿易会社。喜望峰からマゼラン海峡に至る広範な地域の貿易で独占的な地位を与えられ，とりわけインドの植民地化と植民地経営に大きな役割を果たした。「世界初の多国籍企業」と呼ばれている。

第5講

感じて、考えて、行動する
―新しい日本のモノづくりに挑むスモールビジネス―

海内美和（海内工業株式会社 代表取締役）

海内工業の海内美和と申します。今日は授業なのでスーツを着ていますが、日頃は製造業のモノづくりをしていますから、作業着を着て現場の職人さんたちと奮闘しております。製造業をしていますが、大学は理工学部ではなく、商学部で皆さんと同じ経営を大学で学んだ身です。

実家は製造業ですが、私が大学卒業後に就職したのは金融会社で、日本株を選定する株式のアナリストをしていました。その後、家業のモノづくりを始めました。

「感じて」

さて、経営学で最初に念頭に置いてもらいたいのは、3つのステップがあるということです。つまり、「感じて」「考えて」「行動する」です。実はこれが私の考える経営学です。まず「感じて」というくらいですから、今日は経営の力を感じて欲しく、簡単なゲームを通じて感じてもらいます。

次に、「考えて」ということですが、皆さんのような若者の視点だけでなく、ばか者の視点も含めて、世の中を変える時は、いろいろな視点を持たねばならないとよく言われます。ばか者、若者、よそ者という、この3つの視点は、大きく何か物事を変える時の視点として大事なのです。このうち、常識を知らないばか者という視点はとても大事なので、それも意識しながら考えてみてください。

最後に、「行動する」というのは、勇気を持って同じ思いを持っている同志とともに行動するということで、この３つを意識しながら聞いていただけるとありがたいのです。

経営、いや何事もそうですが、私のストーリー、私事なのです。皆さんから言えば、これから話すことは海内さん事なのです。しかし、皆さんもいろいろな問題に興味があると思いますので、自分の事に置きかえられたら、少し本気にはなります。そうすると、自分で切り開くこととして、経営の力というのはいろいろ見えてくるのではないかと考えております。

ということで、まず一番初めの「感じて」というところで、手を動かして経営の力をぜひ感じて欲しいのです。これからゲームをしますが、一番勝った人には賞品がありますので、頑張って狙ってみてください。

いま配っている紙には数字がいっぱい並んでいます。ルールは至って簡単で、20秒間で羅列された数字に、１、２、３、４、５というように小さな数字から大きい数字へ順番に○をつけるだけです。一番数字が多い人が勝ちです。３回戦まであります。この３回勝負の中にヒントが出てきます。その中に私の考える経営の力というものが含まれています。

では、いきます。スタート。どんどん○を付けてください。

（略）

はい、3、2、1、ストップ。さすが若者ですね、19まで○の人がいま一番です。

次に、2回戦、スタート。自分との戦いなので、自分を超えてください。ヒントに矢印を付けてあります。

（略）

3、2、1。ストップ。はい、20まで行った人がいます。

では最後の3回戦、スタート。さらに矢印と十字マークが入りました。1つでも2つでも数字が増えた人は何がわかったのかを考えればこのゲームの意味がわかるかもしれません。

（略）

はい、ストップ。25以上という人が2人いて、20以上もたくさんいます。最高は29です。

このゲームは数字の並び方の法則に気づくとすごく速くできるのです。それがどうした、ということでしょうが、実は経営とはこんな感じです。経営というと、何から小難しいことをやっていると思われがちですが、そうではありません。おそらく皆さんの日常もそうでしょう。そもそも國學院大學経済学部に入学された人がこのクラスにいるわけですが、思い通りにならないことがたくさんあったのではないでしょうか。人生も会社もそうです。思い通りにならなくても人生は続き、でも自分でよりよく生きていきたい。会社も同じです。ただし、1人ではなくもっと多くの人間と同じ目標を持って、よくしていきたい。それらは先ほどの数字と同じで、ランダムな事象がいっぱい出てくるのです。

私は会社の取締役で、経営という舵取りをやらなければいけない立場ですが、いろいろな事象が次々に迫ってきます。理解できないことも多いので、「あれ、やばいな」と思う一方で、「落ち着け」と自分に言い聞かせています。落ち着いて何をするかというと、いろいろな事象の中からルールを導き出そうとしています。私はルールを見つけ出して、早く正しい道へたどり着く力というのは、一つ経営の力だと思っています。だから、皆さんに少しでも体感してもらいたくてこのゲームをしてみました。

「考えて」

「感じて」もらって、次のステップ２は「考える」です。いきなりで申し訳ないのですが、皆さん、まだ会社なんてどんなところかわからないのでしょうが、仮に海内工業の経営陣になったと想像してみてください。

すでに話しましたが、私は大学卒業後すぐに金融機関で働き、株式のアナリストをしていたのですが、いわゆる「リーマン・ショック」で未曽有の経営危機に直面しました。世の中はまさに大混乱に陥り、長い不景気に陥りました。「アベノミクス」とやらで一回は上向きになったのですが、長期不況には変わりありません。

私の実家は、祖父の代から始めたいわゆる「町工場」です。よくテレビ番組で小さな工場の職人さんや、すごい音をたてる機械で何かをつくっているシーンを見かけると思いますが、それがまさに私の実家です。

私は不況に直面して、金融会社を辞めて、家業に参加することになりました。というのも、不況で実家がピンチでして、もし会社が倒産すれば、銀行の担保となっている実家を失うことになりかねない、という状況でした。だいたい中小企業は、家が会社の担保になっています。その実家には兄がいましたし、祖母も一緒に住んでいたのですが、いずれにしても、「家がなくなったらやばいな」ということで、別に手伝ってくれとも、経営を頼むともいわれませんでしたが、苦渋の決断で家業に入りました。

さて、経済が停滞すれば、つまり不景気になれば仕事が減るのはわかっているので、企業は対応策があればいいのですが、中小企業、特に海内工業のような町工場ではそれに備える余力がなかったのです。

ですから、2012年に私が入社した瞬間に事業戦略の立て直しプランを考え出すことを余儀なくされました。私はこれを実際に経験したわけですが、皆さんならどのように町工場を立て直しますか。下請けと呼ばれる町工場を絶対に倒産させずに乗り切り、成長させることを求められる経営陣の1人の立場に立てるならば、臨場感が出てくるはずです。

会社の仕事を探す

私はそれまで金融の世界にいて、しかも高校時代はアメリカやカナダの留学経験があり、日本の中小企業にはまったく慣れていないことに気づきました。カルチャーショックを受けたのですが、何となくモノをつくって納品して、何となく経営している、戦略も何もない、というのが入社した時に感じたことです。不況で仕事がなくなって一気に赤字に転落していても何もできないのです。

つまり、まず、感じたのは、すごくやばいな、仕事を探さなきゃ、ということです。そこから次に、どうすべきかを考える思考に移るのです。もちろん、自分の仕事ではなく、会社の仕事を探さなければなりません。

第1に考えたのは、海内工業が提供できるものは一体何なのか。第2に、今後売れる製品は何か。第3に、その製品を市場で売り込むために必要なものは何か、です。この3つを常に真剣に考えてきました。しかも、そのための材料が揃っていたわけではないので、準備をしながら進めなければなりません。

改めて海内工業を紹介しますと、約60年前に祖父が工場を始めて創業し、精密板金加工の技術を生業としていて、職人がたくさんいる工場です。私の父親も職人でして、あわせて社長もしていました。そこへ私が入社したわけです。

さっき話しました、会社の仕事を探すための3つですが、まず仕事を探さなければいけないわけですが、そもそも、私はモノづくりのことをまったく知らなかったのです。そこでアナリストで業界や会社の分析をしてきた経験を活かして、モノづくりの産業や金属加工の内容から調べ始めました。金属加工とはいったい何なのか。経済産業省の分類によると、素形材産業というものに、金属加工が位置づけられていて、モノづくりを支える不可欠な存在とみなされています。私はそれなのに、どうしてこんなに仕事がないのだろうと思いました。

次にモノづくりと呼ばれる業界の構造についてですが、日本の製造業の全体構造を示す「ジャパンインク」でいえば、金属加工というのは、いわゆる川上、川中、川下と呼ばれる上流下流の分け方の中で川中、つまり中流で、材料と自動車などの産業機械メーカーの間のところに位置しているのです。

さらに金属加工についてもっと詳しく調べていくと、多くのことがわかります。まず板金ですが、調べてもなかなか出てきません。しかし、金属プレスという区分の中に板金がありました。この板金というのは、実は皆さんの身近にたくさんあるのです。駅のゴミ箱も、屋根のサッシも、キッチンもみな板金技術でつくられています。

しかし、他方でよくイメージがわかないのも事実です。そこでインターネットで板金と検索してみると、よく出てくるのが自動車なのです。確かに板金をやっていると聞くと、車好きの人は車を改造してみたいとか、傷ついた箇所を修理するとかの話になります。ただし、残念ながら海内工業は自動車の板金をやっていません。やっているのは精密板金で精密という言葉がついています。そこで精密板金で検索すると、あたかも精密にできていそうな箱みたいなものが出てきます。しかし、それでは何が精密なのかよくわかりません。『広辞苑』などで調べてみると、精密とは、極めて細かい点にまで注意が行き届いていること、とあります。読んでも謎ですし、寸法のことも書いていないから、大辞典で調べても精密板金のことはわからない。でも、これは重要な発見です。なぜならば、精密板金を海内工業が定義しないと、顧客から仕事をもらう話ができないことになるからです。

それで海内工業の精密板金加工とは何かが問題になりますが、手のひらサイズの小さな製品をつくっています。わかりやすく表現すると、金属の折り紙といったところです。金属でもいろいろな形に折っていきます。製品についてはホームページにも掲載しているので見てください。

精密板金加工とは

さて、次に精密板金加工の工程について話しましょう。まず、折り紙を折る時は普通、正方形の紙から織り始めると思いますが、海内工業の精密板金加工では、さまざまな形の金属の板があって、それを曲げたり、その後でのりでくっつけるというか、溶接をするのが主な流れです。

海内工業の町工場の風景にお見せできないのは残念ですが、実際の工場の作業を少し紹介しますと、まず、金属の板は紙の折り紙のようにハサミでは切れませんので、レーザービームで切って形をつくっています。また、曲げるといっても、単に曲げるだけでなく、プレス加工といって、上と下の金型と呼ばれるものでプレスして成形する、例えば、たい焼きをつくるような加工法で作業しています。

また、ベンダー曲げといってさまざまな角度に金属板を折り曲げる技を持っています。その中でも、金属を直角に曲げたり、もっと鋭角に曲げたりするのはもちろんのこと、丸みを帯びた形の曲げにする、いわゆるアール（R）曲げといわれる技術が海内工業の得意技の一つです。モノづくりの当事者として自慢させてもらえば、顧客に買ってもらえる技です。

工場では非常に素早く緻密にカチカチとアール形状ができるように折り曲げていきます。ただひたすら金属の板を曲げているだけでなく、最後はきちんと製品になるように図面に忠実に加工しています。

また、別の板をつける加工作業もしています。スポット溶接というのですが、熱によって金属を溶かして接着して両者が離れなくする技術です。皆さんの身近にある製品にはこの溶接技術で成立するものがたくさんあります。その溶接では、きちんと接着されているか検査する作業もあります。

さて、実際の工場の作業を紹介しましたので、何となく精密板金技術加工がわかったと思います。同時に、加工というのは、どんなものかが理解できたかもしれません。

しかし、いくら技術がよくても、それが認知されなければ企業はやっていけません。したがって海内工業は会社の情報発信にも熱心に取り組んでいます。

スモールビジネスの経営理念と情報発信

皆さんは経営学を学ぼうとしているわけですから、会社のことを勉強していると思います。だから、会社は、**経営理念**とか目標とかを大切にしていることを理解していると思います。また、皆さんはこれから就職する会社を探す時に、「この会社の社長はどんなことを考えて経営しているのかな」と経営理念のようなものを意識することになります。

もちろん、海内工業にも経営理念はあります。精密板金技術で世の中の役に立ちたいと思っています。ですからそれを一所懸命発信しています。例えば、私はさまざまなマスメディアに出させてもらい、町工場ではありますが持っている技術をオープンにして、社会へ発信してきました。そもそもこの授業の講師依頼をされたのも、「日経新聞」に掲載された私の記事がきっかけとうかがいました。会社のことを話すという機会があるからこそ、作業服からスーツに着替えて國學院大學経済学部の授業の教壇に立っているわけです。

しかし正直にいうと、途中からメディア戦略をやり始めたのですが、先ほど話した会社の仕事を増やすという目的からすれば、なかなか厳しいものがあります。実際には売上に直結するとはいい難いのです。経済産業省はこの業界がとても大事だと表明していて、一方で海内工業は長年にわたり培った技術力が高く、その発信も積極的に継続しているのに、なかなか仕事にたどりつけない。いったいなぜだろうと思うのです。

そうやって考えてみると、海内工業だけの話ではなくて、日本の製造業が大きな問題を抱えているということがわかります。例えば、トヨタとかホンダとかシャープとか、知名度の高い、いわゆる大手メーカーがあって、その下に海内工業のような技術者集団の膨大な小さな企業がいる、という分業構造になっていて、製造業が成立しているのです。

つまり、整理すると、上位がいわゆる大企業、下位には中小企業となり、海内工業は28人規模の会社なのでもちろん中小企業、つまり今日の講義のタイトルのようにスモールビジネスです。

　しかし、普段皆さんがテレビや新聞で見聞きすることの多い大企業は企業の数としては、０・４％に過ぎません。もちろん、日本経済や世界経済への波及効果は非常に大きいのですけれども、数としては１％にも満たないのです。ということは、９９・６％が中小企業ということになります。これが日本の製造業の現実であり、新聞などで読む経済の感覚と、実際の経済と違う点です。要するに、中小企業が日本の製造業を支えているといってよいのですが、影響力は小さくマスメディアにも引っかからない。その意味では特殊な業界なのです。

　これまでの製造業界では、既製品は国内メーカーでつくっていました。海内工業もそのように、大手メーカーに向けてモノづくりをしてきました。しかし、グローバル経済といわれ、また円高の影響もあり、製造業の仕事のやりとりが国を超えていくようになりました。

　円高になってくると、海外からの売上が少なくなり、海外に輸出するようになります。この輸出の局面では、コストダウンが要求されます。ただし、値下げ要求があった時代はまだよかったのですが、「現地現物」と呼ばれる海外から調達する局面に入ると、これまでの取引構造そのものが消えてしまうのです。

　海外で製造して海外で売る。そうなると、もうよほどのことでないと、日本国内でつくらなくなります。日本からわざわざ海を越えて他国に持っていくのは特殊な場合に限られますから、多くの中小企業は「もう、要りません」といわれてしまいます。

消えていくのは構造からすれば客観的にはいいのかもしれませんが、日本の製造業を支えてきた特定の技術を本業でやっているスモールビジネスでは、どうやって乗り切ればよいのか、という岐路に立たされるのです。すると、どうしても先ほどの産業構造が立ちはだかり、そこからどうやって脱却したらいいのか、ということにつき当たるのです。

本当に日本全国の中小企業の経営者は悩んでいます。私もそうです。海内工業には国からも大事にされているはずの精密板金技術がありますが、この産業構造なら、やはり将来の展望が開けません。

SWOT分析で「行動する」

そこで、始めたのが、SWOT分析なのです。皆さんは経営戦略を勉強して学ぶと思いますが、自社の強みと弱み、それから、外部からの脅威と機会というものをいろいろな要素を取り入れて分析し、どうやって経営していくのかを決定することです。

海内工業の強みは、私にはわかっているつもりでも、よくわかっていないところもあったので、どうして海内工業の製品を買ってくれるのか、顧客に聞いて回りました。人間ならば、どうして私のことが好きなのか、と聞くことはあろうかと思いますが、会社の製品をどうして買ってくれるのかを聞く人はあまりいなかったようです。「そんなことは、営業ならばわかっているだろう」といわれたりもしました。しかし、私は途中からモノづくりに入ってきた人間なので、知らないうちが強みですから、平気で聞いてみました。

すると、製品の品質が高いから、技術が優れているから、価格は高く納期は長い、などさまざまな声が集まりました。いちいち納得できるものばかりです。技術的な話をしますが、海内工業の強みは、たい焼きのような金型をつくらなくても、つくれることです。いろいろな形状にすることができます。要するに手づくりによる精密板金加工で、非常に細かい部品をつくることが得意で、それが強みなのだとわかりました。

では、ＳＷＯＴ分析でいうと、海内工業の脅威とは何でしょうか。先ほど話した現地現物の流れが加速していますから、海外企業との生産価格競争が非常に脅威となります。この場合、海外のほうが人件費は低いというのはもちろんあります。いまどこと戦っているかというと、フィリピンや中国になります。

給料を比較するのは実は難しいのですが、あえて感覚でいうと、海内工業がある神奈川県の**最低賃金**、つまり時給が約８００円だとして、フィリピンや中国はいくらくらいになるか知っていますか。私のデータはやや古いのですが、フィリピンが月給2万1000円で時給110円、中国が月給2万9000円で時給150円なのです。もちろん、この時給では日本で生活するのは厳しいですが、現地ではインフラの値段や物価が違いますから日本人と同じ満足感で生活できます。

しかし、グローバル競争をしようとして、この時給の差があって戦わなければならない。ただし、製品は安いほうがよいからといって、そのまま安くはできない。そんなに給料も下げてしまっては、従業員たちが生活できなくなります。

ですからどうやって乗り切るかということになり、まず海内工業が海外進出しようと考えるわけですが、資金がなくてできません。ということは、日本にいて戦うことになり、製品価格で真っ向から勝負しても負けます。ですから、価格ではなく高品質、高精度の製品をつくり、収益性の高い顧客に販売するしかありません。さきほどのSWOT分析から、精密板金加工という強みはあります。その強みや機会を活かすように、どんな顧客を狙うのかに絞られてきます。一番大切なのは顧客を探すこと、という点にたどり着きました。

海内工業は、海外で開催される展示会に参加しています。そこで、多くのグローバル企業の担当者に、日本のモノづくり技術でつくった製品を使ってみたいかどうかを問いかけ、反応を見たり意見を聞きます。すると、だいたいどこの国の企業の担当者も「日本の製品の品質はいいけれども、価格が高いよ」と、同じことをいいます。やはりそうなのか、と思う反面で、「たとえ価格が高くても、製品の最も大事な部分の部品には使いたい」という声があるのも事実です。人間は心臓を打ち抜かれると死にますが、実はそれほど単純ではないにせよ、電源などの機能は心臓部であり、同じように大事な部分に不具合があると、止まってしまうからです。

そこで、海内工業は、価格で勝負するのではなく、いわゆる価値で勝負しようと決心しました。価格を低くするのではなく高くても品質がよいもの、その製品で顧客が困っていることや問題になっていることを解決する会社になろうということです。実はすでにそうなっていたのですが、全社ということではなりきれていませんでした。ですから、全社で目指すべき会社にする戦略を虎視眈々と狙ってきたのです。このようにＳＷＯＴ分析でプロットすると、どういう戦略でいくのかがわかりやすくなるのです。

市場を探せ

さて、海内工業の強みとか脅威とかがはっきりしたので、次は、どの市場へどんな商品を投入するのか。皆さんは、いますぐに欲しいものは何ですか。私は職業上、工作機械が欲しいのですが、例えば、皆さんはバッグが欲しいとか、新しく発表されたスマートフォンが欲しいとか、あるいは家の中をみて冷蔵庫が欲しいとかでしょうか。実は、日本にはモノがあふれているので、欲しいモノがあまりないことに気づきませんか。絶対にこれでなくてはならない、これが欲しいというものがない中で、売れるモノをつくるのは結構厳しいのです。

しかし、厳しいながらも、予測することはできます。業界で分析している立場からいえば、統計を通して、世の中は、見えるようにはなっているのです。一例をあげますと、航空機ならば、例えばエアバスの予測などで、約20年後には、およそ2万3400の航空機が飛んでいます。これからも航空機はたくさん製造されるので、航空機関連の市場は拡大すると考えられます。また例えば、ロボットならば、2025年時点で、8兆円を超える市場になっていますから、1%の市場が誕生します。もしその1%市場のうちの1%を海内工業がとれば、これだけ市場は縮小しているといわれながらも、市場は広がったと実感できます。このように予測していけば、伸びる市場はいくらでもあります。

高齢者市場というのもあって、高齢者がもっと元気に生きていく社会であれば、電動車いすとか、新たなサービスに必要なテクノロジーがどんどん開発されていきます。その新しいテクノロジーに合流できたら、市場は有望ですし、わくわくします。実は海内工業はすでにこのテクノロジーに一部ですが絡んでいるのです。つまり、見方によっては、年々広がっていく市場に接しているということです。

ですから、せっかく広がる市場がありますので、これからうまく参入するために、お話したように、発信に積極的に取り組んでいます。会社のロゴマークも全部変えてどんな会社であるかを理解してもらえるように、ホームページやフェイスブックを活用しています。

例えば海内工業の名刺入れは特に有力な商品ですが、３パターンあります。どうして名刺ケースをつくっているかと聞かれることがありますが、戦略的に名刺入れをつくっています。取引先から「海内工業って知らないけど、どんな技術を持っているの」とか、「それでどんなモノをつくっているの」と問われることになります。しかし、最終製品としてのモノづくりではなく、顧客からの要望でいろいろな加工をしているわけですから、その途中のモノをみせられないのです。

ですから、最も得意な精密板金加工の技術が凝縮されたモノとして、名刺ケースをつくり技術をみせているのです。この名刺ケースは海内工業のホームページで販売しています。授業で営業して恐縮ですが、３種類揃えておりますので、興味がある人はぜひお買い求めいただきご使用ください。

その他にも、製品を知ってもらうためにワークショップを開催しています。このワークショップでは、精密板金加工に興味がある人たちに工場に集まってもらい、実際にモノづくりを体験してもらっています。

かつての成長経済の時代の、何もしなくても仕事がいっぱいあって、仕事を待っている町工場ではもう立ち行かなくなっていますから、海内工業の強みをどんどん発信して、どこかでその名前を聞いたことがある会社になろうということです。

グループワーク

さて、これから、グループワークをしていただきます。この教室には人数が多いので、近くの横の席の人たち、横に人がいない場合は前後で一緒に会議をしてください。海内工業が提供できる製品は何か。また、今後売れる製品は何か。その市場に入り込むために何が必要か。これらについて検討してください。その結果をぜひ教えてください。

ただし、専門的な技術の内容は必要ありません。身近な製品、例えばスマートフォンの業界でもいいですし、車の部品もありです。身近なものはいくらでもあるでしょう。さあ、戦略会議を始めましょう。

（略）

はい、出てきた意見を紹介しますと、まず、キッチン用品です。曲げの技術が得意なので、それを活かして鍋とか頻繁に使うもの、それでいて長く使わなければならないものですから、高級で高額でも、主婦は買ってくれるというわけです。これからは頻繁に使って耐久性がある生活必需品が売れる。そのために曲げの技術力の高さを売り込む。素晴らしい。他のチームからも飲食店で使う器具でアルミやステンレス素材の薄くて軽くて、しかも丈夫な製品をつくるべき、という意見がありました。

さて、次の意見は、電力に着目しています。東日本大震災で原子力発電所が見直されていますが、どうなるにせよ、新しい電力が必要とされていますので、太陽光発電も有望だということです。例えば、パネルそのものはつくれなくてもその枠など周辺部品は技術の強みが活かせるということです。やはり電力関係の商品の市場が大きくなることが予測され、そのためには電力会社への働きかけが必要となります。この電力の視点も素晴らしいです。実は、海内工業はすでに太陽光発電装置の一部をつくっていますので、ぴたりといい当てられてびっくりしました。

続いて、今度は名刺ケースではなくて、スマートフォンのケースです。曲げの技術の強みがあれば、できるはずであるということです。スマホ関連の商品はよく売れています。その市場に入るためには、スマートフォンをよく落としてしまうことを考慮して、落下してもスマートフォン自体は絶対に壊れないとか、傷がつかないということを宣伝する。これも着眼がいいです。

まだ他にもあるのですが、最後にもう一つ紹介しますと、イヤリングはどうかという意見が出ていました。現在は結構ピアスが多くてとてもおしゃれなものがあるのですが、ということは穴をあけないとおしゃれが制限されてしまう。そこで、イヤリングであっても、おしゃれなものに加工するということです。女性のアクセサリーの市場はまだまだ伸びていますから、その市場に入り込むためには、イヤリングなのに非常に細かい技術で多品種の大量生産にする。なるほどと思います。アクセサリーでは他にブローチの意見が出ていましたし、また最先端技術の眼鏡フレームの意見などがありました。

私はこのグループワークで出たアイデアを、変ないい方をしますが、素人の目線とはまったく思いません。最初に話した、若者、ばか者、よそ者の視点が重要です。皆さんが考える市場は、ふだん私とか会社が考えている市場の目線とはまったく違うのです。

いろいろ出された意見があり、また世の中にはもっと技術が発展していますから、技術という点ではいろいろできるはずです。しかし、それが製品になって皆さんの手に届くまでには時間がかかります。ですから、それを見越して、早く参入できるかどうかを考えることが大切です。そのためには、感じて、考えて、行動する、という3つのステップが必要です。

皆さんは柔軟で多様な考え方を持っていて國學院大學でどんどん勉強していくと思いますが、社会人になって会社なりどこかの組織に入ると、その柔軟性が失われ、凝り固まってしまって、リスクを負うのがすごくこわくなっていきます。大事なのは、自分なりのオリジナルな考え方ができることや、ストーリーで考えることを失わないことです。

また、感じて、考えて、行動することは大切で、そのためにＳＷＯＴ分析は冷静に、客観的に分析するのに役立つのですが、この授業で体験してもらったように、自分だけでなく他の人と分析すると、さらに自分が思いもしなかったことに到達できたりします。つまりチームワークも大切なのです。

最後にいいたいのは、いくら感じて、考えても、行動しなければ何も影響を及ぼさないということです。まさしく行動しなければ何も始まらない。しかし、他方では、なかなか行動を起こさない人が多い中で、行動を起こす人は、他人からみたら変人のように思えることがあります。しかし、その行動や意見に対して、皆さんも感じて、考えてみて欲しいのです。その行動する人に賛同すればフォロワーになるというのも大事なことです。みんなが否定するから否定するのではまずいと思います。

変革は「小さくて、弱くて、遠い」ところから、思い切って

私はモノづくりの業界の中で、途中から改革を始めて、かなり変な行動をしてきた第一人者ですが、6年間もそれを続けると、変な人、変なことという形にならなくなってきています。他の人からも声をかけてもらったり、賛同してもらったりしています。

変革というのは、実際に小さいところから、弱いところから、遠いところから始まると言われています。何か面白い動きが見つかったら、思い切ってちょっと参加してみると、自分らしい視点が見つかるかもしれません。

モノづくりはなかなか3Kということがついて回っていて残念です。しかし、かっこいいモノづくりをしていきたいし、できるはずです。私は「やはり日本ブランドですね。これが欲しい」と売れる製品を職人たちとつくりながら考えています。

皆さん、展望だけでは会社経営も、人生も開けません。ぜひ実際に行動してみてください。

キーワード

○事業戦略

企業の持つ個々の事業がそれぞれに持っている，市場の中で組織としてその活動を長期的に構想した基本設計図のこと。多くの場合，競争上の優位性を獲得することが焦点となるため，競争戦略とも呼ばれる。

○経営理念

経営者が経営活動，経営目標，経営戦略の根底を支えるものとして重視している信念，信条，価値観，イデオロギー。企業内部においては社員の行動指針，アイデンティティのために社是や社訓として成文化されていることが多く，外部に対しては企業のイメージをアピールする。

○スモールビジネス

規模は小さいものの優良な企業のこと。近年人材派遣やソフト開発などを行う中小企業やベンチャー企業が増大し，これまでの大企業・中堅企業，中小（零細）企業といった規模別分類だけでは優劣判定ができなくなった。

○ SWOT 分析

自社の強み（Strength）と弱み（Weakness），外的な機会（Opportunity）と脅威（Threat）を組み合わせて，自社の直面する環境を整理し，戦略の代替案を創出する手法。4つの要因を独立に整理するのではなく，「強み・脅威」「強み・機会」「弱み・脅威」「弱み・機会」の4つの組み合わせを考える。

○最低賃金

国が定める賃金の最低限度であり，使用者は最低賃金以上を支払わなければならず，支払わない場合には法律に基づき処罰される。賃金水準の高低の目安とされることが多い。

第6講

オウケイウェイヴの誕生と挑戦
―グーグルを超える日―

兼元謙任（株式会社オウケイウェイヴ 代表取締役社長）

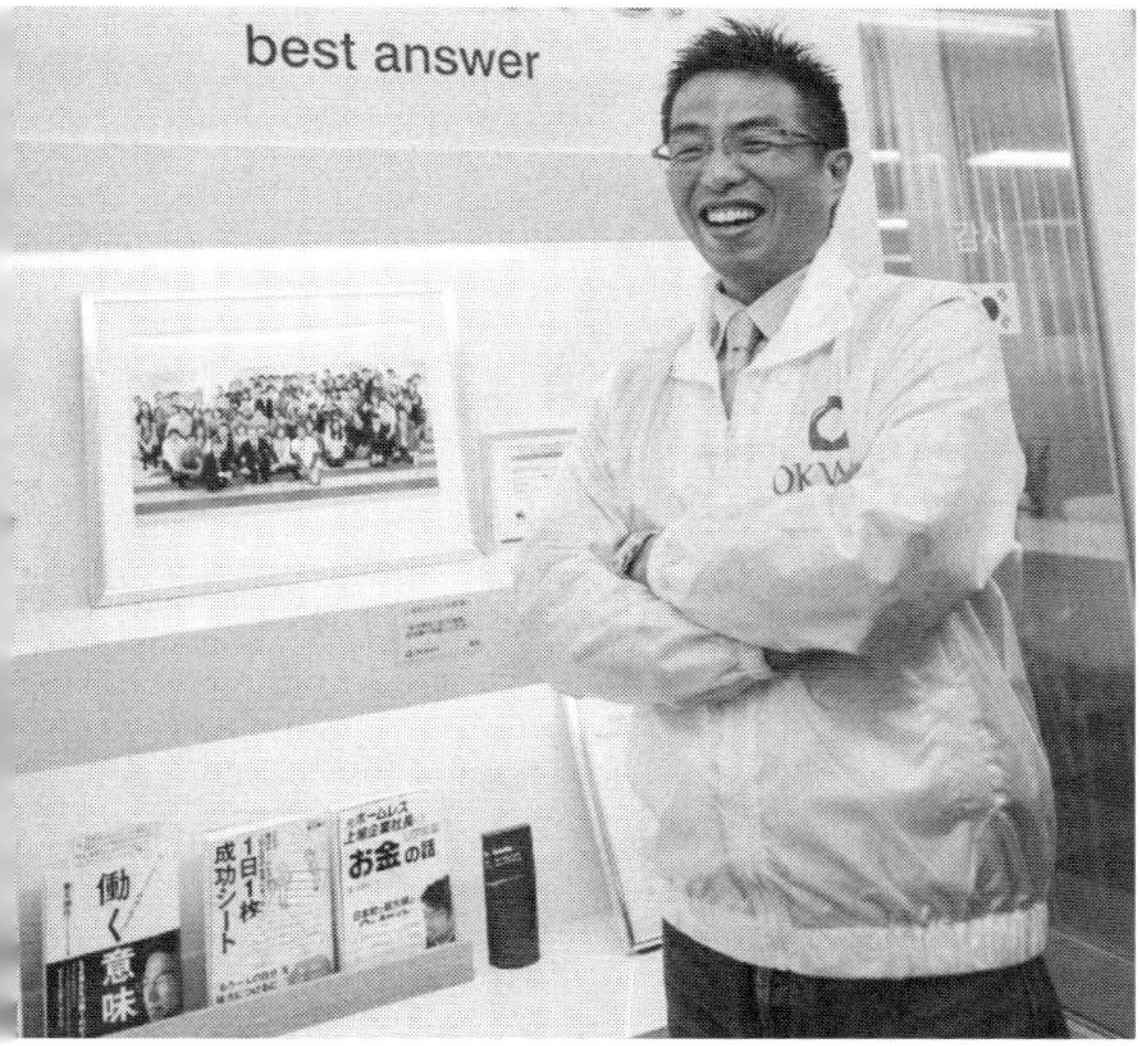

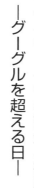

Q&Aサイト「OKWAVE」（オウケイウェイヴ）を運用している株式会社オウケイウェイヴ代表取締役社長の兼元謙任と申します。社長の他には、WFP（国連世界食糧計画）の評議員をしております。WFPはユニセフの外郭団体で、学校給食を世界中に提供する組織です。また、オウケイウェイヴは創業2年目から、三木谷浩史社長が代表理事に就任している新経済連盟の幹事をしております。

1999年7月に会社を設立したのですが、実は僕は30歳の時に名古屋から東京へ出てきてから2年ほど、渋谷や表参道あたりでホームレスをしていました。今でも思い出すのは、公園のゴミ箱をのぞいていた僕を見て子連れのお母さんが子供に「あんなふうになっちゃだめよ」とひそひそ話でいうのが聞こえて、ああ、もう僕もだめだなと思ったことです。

さて、そんな僕がなぜ会社を設立して、この授業にも来ているのか、ということは後で話すとして、まずは、サイモン・シネック氏がしているTED（Technology Entertainment Design）の話をしたいのです。彼は、Whyから始めようということをおっしゃっているのです。中心にくるのはWhyで、その周りにHow、Whatがきます。一般に例えば、個人的な目標があって実行するという場合、What、How、Whyの順に説明しがちですが、その順番を間違えると大変なことになるとサイモン・シネック氏は主張します。

「Why」「How」「What」の順に

シネック氏が使った有名な例をあげます。ライト兄弟はご存じだと思いますが、１９０３年に飛行機を飛ばしております。兄弟には強力なライバルがいて、ラングレーという人物です。スミソニアン美術館の研究事業の設立者で、陸軍省からたくさんの資金を得ていて、人脈も豊富。ニューヨークタイムズは、常にラングレーの動きを報道していました。動力飛行機を発明する最短距離にいた期待の星なのです。

一方、ライト兄弟はほとんど無名でした。資金はないし、仲間もいない。学歴もない。しかし、ライト兄弟が成功し、その成功を見たラングレーはあきらめた。なぜか。実はこれがWhyなのです。ラングレーは人力飛行機で名誉が得られると思った。ライト兄弟は、自分たちの機械式飛行機が飛ぶようになったら人類にめちゃくちゃすごいことが起きると夢みた。この夢の前にはお金や名誉なんか関係ないし、とても楽しいわけです。だからライト兄弟は、飛行機を飛ばして落ちて飛ばして落ちてと実験を綿密に一日に何度も繰り返したのに、ラングレーは一日に一、二回も飛ばしていない。

もう一つ電話の例をあげると、デルはＰＣをものすごくたくさん売っているからその技術でＰＤＡという電話を製作しました。その際、Whatから説明して、「こんなデザインをしていて結構格好いいんだぜ、買わないか？」と呼びかけるわけです。またパソコンメーカーのゲートウェイは液晶モニターをつくっている会社であり、液晶テレビをつくりました。わが社の液晶テレビは最高の技術が反映され、デザインも格好いいですよというわけです。でも売れませんでした。ゲートウェイは日本を撤退しています。これらの有名メーカーが電話やテレビをつくっても売れませんでした。

しかし、アップルは違っていました。What の説明をしていないのです。スティーブ・ジョブズは、「俺たちはさ、とがっていて最新の技術で世界を変えるんだぜ、そのためにユーザーインターフェースやデザインが必要なので、たまたま電話ができたけど、買うか？」とそれはものすごく高飛車なのです。でも、ご承知のとおり、お客さんはアップルの電話は並んでも買っているのです。なぜかというと、僕たちは Why に弱いからなのだそうです。

なぜこの会社をやっているのか、ということと、なぜあなたは存在するのか、なぜ國學院大學は存在するのか、なぜあなたは國學院大學に入学したのか、ということは同じことです。「私は○○をしたいからです」から始めると、デルやゲートウェイのようになってしまいます。就職面接でも同じで、What から入ると残念な結果になるのは目に見えています。しかし、「私はこんな思いを持って生きていて、國學院大學の設立趣旨のここに共鳴して入学して勉強しました、そして○○だから御社に入りたい」といった Why が最初に来るような順番で言えば、採用担当者は採用したくなって確実に悩みます。

もう一回、聞きたいです。皆さんが國學院大學に入ったのはなぜですか。國學院は何者ですか。そこにいらっしゃる皆さんは何者ですか。これを説明しない限りは、これからはどこも、誰も採用してくれないのです。なぜならば、皆さんよりも〝がつがつ〟していて、「朝から晩まで死ぬ気で働きます、休みなんかどうだっていいです」という外国人が、大量に入ってくるからです。人口統計をみると、これから高齢者がもっと増えて、外国人を入れないとやっていけなくなるからです。

外国人たちはハングリーです。皆さんが自分探しはどうしようかと言っている間に、どんどん日本人には負けないぞとがんがん働きます。いま一度 Why に立ち返って行動してください、というのが創業から現在までで僕が感じていることです。

生い立ち

では次に、僕自身がどうして Why から始めなければならなかったのかを話します。僕が小学校５年生の時に大きなショックを受けた事件がありました。僕は韓国籍を持って日本に生まれた日系３世です。韓国語はしゃべれませんでしたが、今は勉強し始めています。両親の祖父２人が戦後間もなく中学生の時に韓国から日本に来て、ビジネスを始めました。今でこそ韓流というのがあってブームにもなりましたけれど、北朝鮮の騒動があるとレンタル店で韓流映画やドラマのＤＶＤをみんな借りなくなるといいます。韓国と北朝鮮は違う国です。日本人の他国への関心は低く、感情は何と移ろいやすいことでしょうか。

いずれにせよ、僕の家族が帰化をしないと日本にいづらいかもと判断して帰化申請しました。するとその次の日からいじめが始まり、学校のトイレの便器に顔を突っ込まれまして、落とされそうになりました。「お前ら韓国人は昔、奴隷として連れてこられた汚いやつなので、うんこの中に入れ」というのがいじめの最初の言葉でした。もうびっくりしました。一番ショックだったのは、昨日まで友達だった子が僕をいじめにやってくるのです。キャッチボールして、かねちゃん、かねちゃんって遊んでいたあの子が僕が韓国籍だと知っただけで、手のひらを変え、5、6人の上級生を加え、殴る蹴るです。最後は裏庭に裸で放り出されて、精神的にまいってしまいました。

日本と韓国、中国の関係の歴史についてもう忘れちゃって頭から取り払われた人たちは、何を言っているのと思われるかもしれない。しかし、忘れていない人もいるわけです。オウケイウェイヴは株式を公開していますけど、日本人になっても未だになぜ朝鮮人が日本の市場で公開しているのだと掲示板に書かれたりします。

國學院の趣旨は、神道における、日本が海外に向かって日本の国力を、個人個人が自分の本分を知り、世界に対して日本の国力を高めていくためのものだと書いてあります。今一度確認してみてください。

皆さん、『きけ　わだつみのこえ』を読まれた方はいらっしゃるかどうかわかりません。未来を見た時に、戦場に駆り出されて、お前ら死んでこいやと言われた時に否と言えるかどうかです。それは皆さん次第なのです。

よく日本は**戦略と戦術**がわからん国だと言われています。なぜか。これはGHQ（連合軍総司令部）の戦略などともいわれています。例えば、日本では道徳の時間があり、和気あいあい、和をもって貴し、と学びます。そんなことをしていたら、事が進まない場合がたくさんあります。僕は日本でマネジメント能力を教わった記憶はありません。

また、もう金利がとても低くなっているので普通預金なんかしても、微々たる上乗せがあるだけです。でも、みんな普通預金にはげむのです。金利が上がっていないのにどうして普通預金にお金を入れるのか。それはどうやったら自分の元金を最大化できるか。全然習わないからです。株式市場のこともそうですが、為替や投資について、GHQが日本に対して二度と戦争を起こさないように、マネジメント能力がなく、金融のセンスもないという状態にしようとしたわけですね。

僕は日本に韓国籍で生まれたことを、大変悩みました。

学校では、毎日毎日殴り倒されて、鼻血が出て、顔が変わるまで殴られました。それで杖をつきながら登校しても、その杖でも殴るのです。もう電車やバスなんかも乗れない。僕が人に触るとその人に殺されるかもしれないと思ったからです。

しかし、そんな中にも助けがあったのです。入院していた病院の医師が、西洋医学とともに仏教もやっていたのです。「君の体の中見てみて。風邪の菌が入ってきたら、白血球総動員してやっつけるでしょう。お前の体の中には、そういう生物学的な対抗勢力ってあるわけだよ」「日本というところに韓国の人が入ってきたら、日本の見方でやっつけようとするに決まっているじゃない」「でもそれだけじゃないよ、我々の細胞を見たらミトコンドリアとかいろいろなものが共生している」「一個一個が生物だよ、でも、それが一個の細胞内でやりとりしている、これもまた人間の真理なのだから、どちらか一方を見てもしょうがないよ」と、話をしてくれました。

「色眼鏡」を外せ

アルフレッド・アドラーという方がいて、フロイト、ユングに並ぶ世界ベスト3の精神医学者、心理学者ですが、いいことを言っています。「カラーグラスを外しなさい」ということです。韓国の人が日本に比べてどうだとか、福沢諭吉さんが、人の上に人をつくらず、人の下に人をつくらずとか、このどれもが、おそらく色眼鏡を通しています。だってお互いに一緒にいたことがなくて、中国側も日本側も、それを書物でしか見ていない。

例えば、次の言葉を英語に訳してください。一緒にやりましょう。馬、英語にするとhorse。犬はdog。猫はcat。ネズミはmouse。カエルはfrog。イルカはdolphin。しかし、ちょっとカッパが分かる人はいないでしょう。答えはraincoatです。大体の人が妖怪の河童を思い浮かべる。たったいま皆さんと一緒に経験してもらったのですが、これは社会心理学者がつくったもので、カッパっていわれると何か川にいる妖怪っぽいと思うわけです。そもそもカッパは生物でもないですが、それでも大体十人中九人がkappaと答えるそうです。このようにたった6ワードだけで皆さん引っかかるのですが、脳が前のイメージに揃えるように調整するため仕方ないのです。

ですから、自分は色眼鏡をかけていることを認識しましょう。それから、この色眼鏡は変えていくことができることも意識しましょう。自分が考え方を選んだとしたらその眼鏡をかけていることに責任を持っている自分がいるということを周りに表明しましょう。ある意味でこの表明こそが自分の主義主張なのです。これは合っているとか間違っているということではないのです。いろいろな色眼鏡があるのです。自分がこの色眼鏡をかけて、日本をこう守るべきだと。戦争はこうあるべきだ。戦争はするべきではないのだ。そのことに責任を持って自分の色眼鏡を表明することと、これが生きるということだと思います。

その時に、例えば国際情勢ならば、ちゃんと戦略的に考えなければならない。ところが、戦略と戦術は違うのです。

戦術は今ここにある危機を考える。戦略はちょっと先の危機を考える。戦術なら、当然、近隣諸国の攻撃には備えなきゃいけないので、軍備拡張はある意味で当たり前です。いまここにある危機を見ると当たり前なのですけど、将来的にこのことをして戦争が起こった時に、自分たちの子供が荒波にさらされます。これは絶対に避けねばならない。つまり戦略なら軍拡は未来のためにならない。それなら、いま、どういう判断をして、どういう選択をして、どういう色眼鏡をかけて、それを表明するかは、まさに皆さんの選択次第なのです。

したがって、いろいろな現象に直面した時にそのことをどう捉えるかというのがすごく重要です。それに対してヘーゲルという哲学者は、テーゼ（命題）を見つけ出し、それに対して、必ずアンチテーゼ（反命題）を出しなさいと言っています。そこからジンテーゼ（総合命題）を発見するのです。例えば、日本のほうが韓国よりえらいとして私は子供のころいじめられましたが（テーゼ）、いやいや、日本の文化のもとは中国や韓国がつくったのじゃないのか。ということは、中国のほうが、韓国のほうが上じゃない（アンチテーゼ）。いやいや、そもそも同じアジアの人間じゃないか（ジンテーゼ）。もっと言うと、同じ哺乳類、同じ人類ですよ。もっと言うと地球人です。というように、あることに対して反論を投げていくことで、どんどん真実が見えてくるのです。

トヨタ自動車の大野耐一さんは、トヨタのカイゼンという生産ラインをよりよくする手法を世界に広めた方です。何か問題が起きて生産ラインが止まったとします。すると、その時に、この問題の本質は何かを特定するために、５回も質問を繰り返せと言うのです。ここの部品が悪い、ではなぜ悪い。供給先がうまくいかなかった。ではなぜ供給先がうまくいかなかった。提携がうまくいっていなかった。じゃあ提携がなぜうまくいっていなかった。書類が整っていなかった。なぜ書類が整っていなかった。じゃあ改めればよい、ということがわかるまで、「なぜ」を５回繰り返すと真実が見えるということを言っていらっしゃる。

オウケイウェイヴの誕生

僕は、小学校５年生の時国籍の違いだけでなぜいじめられたんだっけ、という問いをずっと繰り返し考えてきました。なぜ日本人の国籍だと思い込んでたらキャッチボールができたのに、１枚の紙切れの国籍によって、見方を変えてとことんいじめなきゃいけないのか。考え抜いていきあたったのは、質問と回答をやりとりしたらいいのではないかということです。言ってみれば、ヘーゲルの弁証法と大野耐一さんの改善法の合わせ技です。

それで始めたのがQ＆Aサイトなのです。つまりそれが、オウケイウェイヴです。「教えて（O）」「答える（K）」で、OKになった状態をWAVEのように広げていく。OKWAVE、そこには人間同士の愛があるのならハートマークです。オウケイウェイヴは1999年に事業を開始し、生活者同士の質疑応答を始めました。先ほどお話ししましたけれど、2年目に楽天から出資をいただいて、2008年にはアメリカのマイクロソフトから出資をいただきました。

振り返ってみると、これらはとても運がよかったのです。まず楽天は、株式公開した直後でした。そこで、何か面白く新しい会社へ出資したいということで、オウケイウェイヴを選択しました。わが社が楽天の第1番目の投資先なのです。それからマイクロソフトは、ご存じのようにグーグルと競合していて、検索エンジンの分野でアドバンテージを求めていました。またアジアに進出する時に言語の壁があるため、Q＆Aのデータが非常に有効であると考えて、わが社に白羽の矢を立て、出資に踏み切りました。それ以後のオウケイウェイヴは順調で、グッドデザイン賞をいただき、独自の技術で特許を取ったり、セキュリティに関するISOを取得したりしました。

さて、私は先ほど名古屋から東京へ出てきて2年間はホームレスをやっていたと言いましたが、ちょうど事業開始の少し前くらいの時期です。会社を始めて、いろいろと投資家を回ったり、仲間を募ったりしていました。しかし、ホームレスですから、会社設立に至った思いなんてまったく通じず、なかなか投資家も仲間も見つからなかったのです。

その時に助言をくれたのが中国の女性で、同じようにホームレスをしながら大学に通っている人でした。すごい頑張り屋に会ったわけです。僕は、こんな生活を送ってきて、いま会社をやろうとしているが、何やってもうまくいかなくて、妻とも別れそうで、名古屋から東京へ出てきて拾い食いしているのです、という話をしました。すると、彼女自身の話をしてくれました。出身は北京の奥の農村部で、生涯獲得収入がおよそ2万円程度ということでした。一所懸命野畑を耕してトラック一杯分の農作物をつくっても数千円にしかならない。また、当時、産児制限があったので、たくさんの子供を産むと命を絶たなきゃいけない。それでも妊娠しちゃって子供が生まれます。北京、上海からその子供たちを買いに来るとか、すごい話を聞かされました。

その女性の話もおそらく色眼鏡がかかっているものなので、一体どれほど一般的なことなのかわかりません。しかし、農村部でそんな生活をして、これはどうにかしないと生きていけないと考えた時に、たまたま見た雑誌に日本のことが書いてあったというのです。日本は2発の原爆を落とされ、16の都市を大空襲で焼け野原にされてもなお復活しGNP世界第2位になったのだと知ったのです。ぜひ日本へ勉強に行って何とかしたいと決心したそうなのです。

そこまでいわれて、僕は日本で生まれてぬくぬくと生きていたのだと気づきました。ちょっといじめられて、結婚生活がうまくいかないとか、やることなすことうまくいかないとか、それで淡々と拾い食いしている自分があまりに情けなくなりました。しかも、その女性に殴られました。喝をいれてくれたのでしょう。目が覚めました。そして始めようと思ったのがこの事業だったのです。

当時はちょうどベンチャーブームでして、ベンチャー企業や、起業家に対してお金を出していいよ、というベンチャーキャピタリストと呼ばれる人たちを一所懸命まわってお願いしました。こういう思いでこんな目的でこんな事業をやりたいのですと、つくったソフトウエアの仕様書を持って説明を続けました。しかし、プランは拒絶され、事業への出資は全部却下されました。

しかし、その過程は決して無駄にはなりませんでした。会った人の中には、そういう思いで事業をやりたいなら協力するよ、という人が何人か出てきたのです。例えば、無料でいいからソフトウエアをつくってあげるとか、無料でオフィスを貸してあげるとかいってもらえたのです。特に助かったのは、アメリカ人開発者のボブ・スコットがＰＨＰという当時の日本ではまだ使われていなかった開発言語を日本語にしたもので試作品をつくってくれたことです。

また、その頃、ベンチャー支援会社の株式会社ベンチャー・キャタリスト・ネットワーク（VCN）の指導を受けていました。VCNはオウケイウェイヴと同じ恵比寿にあって、起業家が会社を立ち上げるのを支援する会社でした。指導料を払う代わりに株式で支払うという当時としてはユニークな仕組みで、このVCNはいまでもオウケイウェイヴの大株主です。僕はまだ資本政策とか事業計画とかまったく知らなかったのを、一つ一つ丁寧に教えてもらいながら計画書をつくりました。

「Why」で勝つ

そして、先ほど話したライト兄弟とラングレーのように、その時点で金がある企業がQ＆Aサイトを継続できたのかというと、やっぱりそうならなかったのです。おそらく皆さん知らないと思いますが、リクルートがQ＆Aサイトを始めたことがあるのです。しかし、うまくいかず、ラングレーと同じように、短期的にお金にならないならやめようぜ、ということになりました。オラクルも始めましたが同じことです。

グーグルもQ＆Aサイトのグーグルアンサーを開設しましたが、すぐに閉鎖してしまいました。これは意外なことだと思うかもしれません。グーグルは検索サイトだからです。グーグルは、検索という機能をものすごく良くしようとするWhyはあるけれども、ある人間が質問したことに他の人間が教える、助け合うことに対しては大きな動機がないのです。ですから、Q&Aという分野についていえば、やはりWhatになってしまう。結局、Whatではつくれないわけです。巨額の資金と凄まじく高い知名度があったとしても、まったく無名のオウケイウェイヴがやっていることをグーグルはできなかったのです。

それではヤフーはどうかというと、リクルート、オラクル、グーグルとは状況が違います。ヤフー知恵袋があってオウケイウェイヴと同じくQ&Aサイトを盛り上げています。ではヤフーはなぜそうできたかというと、オウケイウェイヴのまねをしたからです。

実はちょうどオウケイウェイヴが楽天から出資されるか、されないかという時期に、ヤフーの経営企画の人が遊びに来たのです。ただし、遊びに来たといいながら厳しい提案を持ってきたのでした。ホワイトボードに3点を書き、オウケイウェイヴはヤフーの下請けになるか、ヤフーと一緒にやるか、ヤフーにつぶされるか、の3つしか選択肢はないでしょう、といわれました。追い返したものの、社内の仲間たちは、これは本当にやばい、と言い出して動揺し始めました。

その直後から実際にヤフーが同じやり方でQ&Aサイトを開始しましたから、オウケイウェイヴは特許をとってやっているので訴訟という手段も浮かんだのですが、結局は市場がまだ大きくない時期には知名度が低いほうが不利になるという三木谷社長からの助言も得て、訴訟ではない方法で今後の対策をとることを決断しました。

その対策が、連合軍という方法です。ヤフー以外のポータルをたばねた連合をつくる戦術でした。Q＆Aサイトは最近では3000万件のQ＆Aと、月間1億1000万ページビューで1カ月4000万人が、190カ国から閲覧しています。

ヤフーの訪問が現在のビジネスを完成させるきっかけとなりましたが、その時にはショックがとても大きかったのです。というのは、30人余りでオウケイウェイヴを運営していたのですが、その3分の1から、「退職します」という申し出がありました。しかもメールです。その理由を聞いてみると、ヤフーが襲いかかってきたらもう会社はひとたまりもなくつぶれてしまうと悲観的になってしまったのです。小さなオフィスですから、来社したヤフー側の人の提案や言い分や僕の返答がすべて社内に筒抜けになっていたのです。ですから、僕は反省もしました。出向いてきたヤフーの人間を怒って追い返してしまいましたが、本来ならば、「ヤフーからこういう提案があるけれど」と仲間たちに話して意見を聞いたり相談してからヤフーへ意向を伝えればよかったと思いました。仲間から早々にたくさんの退職メールが来て動揺しました。

このように反省ひとしおだったのですが、連合軍の発想からネットワークを組むことができて、現在約100のネットワークとなりました。

例えば、インターネットの接続についての質問が来たとします。すると、その質問がビッグローブへつながり、そこのQ&Aサイトコーナーを見ているお客様から回答が返されます。あるいはビッグローブから通販の質問があると、楽天のQ&Aサイトのお客様から回答があります。楽天から不動産賃貸の質問があると、ネクスト社のホームズのお客様から回答があります。このように当社がハブになっていて全部オウケイウェイヴを経由した助け合いという形が実現しています。

さらに、この仕組みを企業の内部やサポートセンターで利用したい、という要望に沿ってシステムをつくりました。最初はヤマハからこうした声がかかり、以後たくさんの企業が利用しています。ユーキャン、楽天、TSUTAYAなど350社以上がオウケイウェイヴのQ&Aサイトのシステムを使っています。

Q&Aで世界に貢献する

よくQ&Aサイトなんかすぐにつくれる、と言われることがあるのですが、そんな簡単なものではありません。例えば、オウケイウェイヴは、Q&Aサイトの裏側でさまざまな情報を収集しています。ユーザーはどのQ&Aを見たのか、どのページからそのQ&Aに至ったのか。あるいはPC

から閲覧しているのか、スマートフォンからなのか。ソフトバンクのスマホなのかドコモのガラケーなのか。それらは全部裏側で分析されています。また、ある対策をとれば、どこでどのように変わるのか、ということもわかります。

例えば、最近ではクレジットカードに関する質問が多いので銀行から、この事項について一般の方のQ＆Aを参考にしたいとの要望を受け、個人情報以外の分析結果を提出したり、また楽天では関連するQ＆Aを自動的に選別して企業のホームページに表示できるようになっています。かつてはコミュニティーサイトでやりとりしたものを企業ページに表示することなどはガバナンス上考えられなかった現象ですが、もちろん僕たちの技術サポートもありますが、企業も顧客同士のやりとりを取り入れ始めたのです。

例えば、キヤノンのプリンター、NECのウィンドウズのPCでサンワサプライのケーブルを接続して使っている人が「印刷できません」ということになったら、どうなると思いますか。どこに電話してもそれぞれには明確な回答がない場合が多い。そしてたらい回しにされてしまうのです。こういう不具合を解決しようとして、すべてつなぐことを検証しようとすると理論上は何億通り以上になりますよね。その何億通り全部を検証するわけにはいきませんので、メーカーはその回答の責任は持てないのです。その責任をユーザー同士の経験の交換という形でオウケイウェイヴが担保しますということで、企業とそのユーザーが連合軍で助け合ってもらって料金をいただける仕組みを用意しています。

さらに、一般の方々のQ&Aの中でも、専門家から答えたいという声があるし、一般の方々も専門家が答えてくれたらいいのに、という要望の声も上がります。これに対しても315円の料金で質疑応答するサービスを用意しました。片づけコンサルタントの近藤麻理恵さんや、アメリカ横断クイズチャンピオンの方とか、J-WAVEのパーソナリティの方とか、有料で質疑応答ができます。同じプラットフォームの上に構築したサービスを提供しています。

過去のデータが蓄積され、これに加え気温、天候、イベントのデータを加味し、いわゆるビッグデータ化されてきました。ですから、現在、どんなことが世の中での悩み事になっているのか、何に困っているのか、がわかるようになってきただけでなく、この時期に何に困るはずだという未来予測もできるようになってきました。〝困っていること〟は商売の源です。皆さん経済学部ですから経済の参考にしていただくためにもぜひオウケイウェイヴをご覧いただくことをおすすめします。

僕はオウケイウェイヴを15年やってきて、やっぱりビジネスの一番の根本は〝困り事〟であることを痛感しています。こういう事に困っているから事業として成り立つのではないか。この困り事にはこの解決策をあててみればどうだろうか。というように常に困り事はビジネスの源泉になります。企業もオウケイウェイヴの発展とともに、ようやくこの点に気づき始めました。ですから、自動車とかガスとか電気とかの大企業がオウケイウェイヴに分析依頼をするようになっています。しかも、大きなビジネスに発展しつつあります。

このように、オウケイウェイヴはQ＆Aを通じて「互いの助け合いの場」を広げていく会社です。その行為を通じて、たくさんの「ありがとう」を生んでいきたいと強く願って運営しております。

それではなぜ、企業が「ありがとう」を生み出したいのか。さあWhyです。Q＆Aサイトを立ち上げた直後に、「質問に答えているけれど反応がない」と意見をもらいました。そこで、回答者の人たちと話しているうちに、お礼をもらえるとモチベーションがわくことに気づいたのです。そこでお礼の欄を入れたら予想以上に受けがよかったのです。お礼をもらえることで、自分の回答が役に立ったと実感できるからです。

人生で一番つらいことは何か？　それは「誰にも必要とされていないかも？」と感じてしまうことです。もちろんそんなことはありません。「ありがとう」は一人一人に自分が人生で役に立っていることを思い出させてくれる素晴らしい言葉です。

非常に多くの回答者がいて、毎週数万の質問と数十万の回答のやりとりがありますが、オウケイウェイヴは抽選で数千円のクオカードをプレゼントしているだけです。Q&Aによって、自分が他人の役に立つということがいかに人間が生きるための原動力となるのかを痛感しています。

このように素晴らしいQ&Aに到達したのですが、僕がさらに何を仲介したいのかというと、生活者と生活者、家族の中での父や母や兄弟、学校の友達、会社の同僚や上司、あるいは恋人などとの関係があり、人はその関係の中で生じる軋轢を取り払いたいのです。

またこの軋轢は、国の国との関係にも広がります。例えば僕がオウケイウェイヴを始めるきっかけになった日本と韓国の関係もそうです。

さらに、国と国の関係は個人と個人の関係に入れ子のように深く関わってきます。ある国と別の国が衝突したとしても、あの人がいるので衝突に参加しないよ、あの人に助けられたのでやめておこう、ということが考えられる。人間と人間の気持ち、助け合いが入ってきます。ですから、最終的には、この助け合いが戦争を終わらせることにもなるかと思います。子供の時は笑っていられても、大人になって戦争になれば笑っている場合ではなくなります。オウケイウェイヴは未来にわたって笑っていられるようにしたいのです。高齢の方から「私はパソコンは使えないが、孫に調べてもらって助かった」と手紙をもらいました。インターネットにつながっていない人はインターネットにつながっている人が仲介して助け合いに加わってくれます。困難や悩みを解決する人間同士の助け合いをIT企業としてさまざまなデバイスで進めていきたいのです。

衝突ということでいえば、象徴的なのは、アップルとリナックスの違いがあります。オウケイウェイヴに出資しているマイクロソフトの創業者の**ビル・ゲイツ**によると、アップルは簡単に倒すことができました。皆さんはアップルが勝っていると思っているでしょうけれど、アップルはマイクロソフトから資本を注入されたことがあります。ですからその意味でアップルはすでに1回負けています。本当は全部マイクロソフトのものになってもおかしくなかったところですが、独占禁止法によってそれができなかっただけなのです。

ビル・ゲイツがアップルを倒せた理由として、アップルの誰を倒していいかはっきりわかったからです。それと対照的ですが、マイクロソフトはリナックスを倒せなかったのです。理由はまったく同じことで、リナックスの誰を倒してよいのかはっきりわからないのです。リーナス・トーバルズは中心人物ですが一人だけではなく、リナックスはたくさんの重要人物が関わっている団体です。全員を倒すわけにもいきません。ですから、みんなで寄り合ってお互いに助け合うということが強い構造なのだと思うのです。

さて、僕は『グーグルを超える日』という本を書かせていただきましたが、これが実はマイクロソフトからの出資につながりました。依頼したわけではないのですが、この本を翻訳してマイクロソフト側に送ってくれた方がいて、確かに検索エンジンよりも、Q＆Aのほうがいいなと、オウケイウェイヴに賛同してもらいました。グーグルで何かを検索してみれば、オウケイウェイヴのQ＆Aサイトのどれかが上部へ出てきます。グーグルのロジックの検索でもそうですから、兼元の主張していることは正しいのだと判断されたのでした。

最後に、アメリカで面白いキャッチコピーを発見したので皆さんに紹介して話を終えたいと思います。オウケイウェイヴはアメリカのスタンフォード大学の近くにも会社を設立したのですが、近隣の寺院の入り口のフラッグに「グーグルは人間の全ての検索を満足させられるわけじゃない」と書かれていました。寺院なので、おそらく〝機械では心の中はのぞけないよ〟ということが真意だと思います。

ですから、これからさらに人間の思考を機械的に代替することができたとしても、新しいことに対する人間の対策、曖昧なものに対する人間の対応策はなくならないと思うのです。むしろ、その時には人間の経験知をやりとりすることが、もっと重要になるだろうと考えています。オウケイウェイヴのやっていることが世界平和の重要な道筋の一つと信じて、今後もQ＆Aを通じた事業活動を発展させていきたいと思います。ありがとうございます。

キーワード

○ TED（Technology Entertainment Design）

カナダで1984年に始まった当初は技術やエンターテイメント，デザイン等の分野における短時間（多くは20分以下）プレゼンテーション講演会であったが，現在ではアイデアを広めることを目的に有名・無名な講演者による多様な分野のプレゼンが行われている。2006年にネット上で公開されるようになり，日本語字幕も付くため英語の学習に役立つ。

○スティーブ・ジョブズ

アップル社の設立者。一時は同社を追われたものの，ピクサーや Next Computer を立ち上げた後，1997年にアップルの CEO に復帰。それ以来，iPod や iPhone などの革新的な製品と，アップルの強固なビジネスモデルを生み出した。

○戦略と戦術

ある目標や目的を達成するための，戦略は大局的な活動の基本設計図，戦術は局所的な計画・計略のこと。戦術は戦略的な目標を達成するための手段であるから，2つを明確に区別しなければならない。

○アルフレッド・アドラー

オーストリアの精神科医・心理学者。アドラー理論の特徴は，人は過去によって行動を縛られることはなく，常に目的に沿って生きており，全てはいまの目的次第なのだというものである。こうした考え方は「勇気の心理学」とも呼ばれている。

○ビル・ゲイツ

マイクロソフト社の創業者であり，Windows OS（オペレーティング・システム）の開発者。OS 市場でのアップルとの競争事例は，デファクト・スタンダード（事実上の標準）をめぐる戦略を考えるための重要なケースである。

第7講

女子プロレス団体の運営とスーパースターへの道

コマンド・ボリショイ
（ＪＷＰ女子プロレス選手代表）

女子プロレスラーたちの団体運営

皆さんこんにちは。ＪＷＰ女子プロレス（ＪＷＰ）のコマンド・ボリショイです。これからプロレス団体の運営についてお話しします。その前に少し言いたいのですが、私が所属するＪＷＰには過去に激動がありました。振り返ると、私はプロレスの世界に入って2、3年が経過してだんだん力をつけてきて、この世界での進路を決められるようになった時に、この団体でやっていくのか、違う団体へ移ってもっと認めてもらえるのか、と悩みました。他の選手も同じです。しかし、最終的にＪＷＰに残る選択をした5人が中心となって現在の選手会の体制になったのです。

それから自分たちなりの経営方針を持って11年目に入りました。今日はこの10年間にプロレス団体がどのように運営されてきたかについての話をしたいと思います。

さて、最初から実践的な運営の話になりますが、プロレスラーが生計を立てるために大事なのはまずプロレスをする場所です。しかし、10年前はまだインターネットの速度が遅いので会場を押さえようと一所懸命電話をかけていました。「あの、プロレスできますか」と。体育館とかライブハウスとか、プロレスができそうな所に手当たり次第電話して、「6ｍ四方のリングは置けますか」と。あとはトップロープから飛び上がって天井に頭を打った実例があるので、天井まで4ｍ50㎝は必要です。他にもリングは重いので床の強度も必要ですし、やっと苦労してまとまりかけても、最後は文化の違いでだめとか、営利興行はお断りとかでだめになる。そうやって会場がやっと見つかるのです。

さて、会場が見つかりリングの手配も終わり、その次はいよいよチケット販売です。またポスターやチラシも作らねばならない。そのために写真も撮影しなければということですが、それらをＪＷＰ選手みんなで分担しています。

私自身は一選手として長らくプロレスをやってきた経験があって、本当にプロレスだけに集中できたと実感しています。だから、ＪＷＰをそういう健全な状態へ、つまり、選手が団体運営で何をするかを常に考えるのではなく、選手がどうしたら良い試合をできるか常に考えられる状態へ戻したいのです。もちろん、一つの大会を作りあげることでみんなで大変さを共感するから良い団体になっていく面はあります。でも決して健全であるとはいえない場面があります。

10年前、私たちには団体を運営していくのに十分なお金がなかったから、ポスターやチラシは自分たちで作り始めました。ホームページも同じく自作です。プロレスラーだからプロレスしかやってこなくて何の資格もなかったのですが、パソコンもソフトも挑戦して習得しなければならなかったわけです。しかし、その努力のおかげで現在ではポスター、チラシ、ホームページができるようになりました。

そんな苦労をしているうちにだんだん仲間が増えて、いまや所属選手は12人になりました。だから当然、もっと大きな会場でプロレスの大会をやろうということになります。

まず大会場といえば**後楽園ホール**で大会を年間3回開催しています。また小規模会場の典型は浅草の花やしきという小さな遊園地です。後楽園ホールはプロレス好きの熱烈なファンが集まりますが、花やしきはファミリー客なんです。休日に遊びに来た家族連れにも観戦してもらうことで客層が広がります。さらに板橋グリーンホールも定番の会場で1カ月に一回大会をやっています。板橋区はなぜか妙にプロレスに理解があります。

「道場マッチ」継続中

そしてJWPの特徴といえるのが、道場マッチを開催していることです。その経緯を説明しましょう。実は、かつてJWPの経営状況が悪化してきたので、給料が出なくなった時期がありました。信じられないかもしれませんが、プロレスの世界では、選手に対して給料が出ないことがあります。会社の経営は確かに大変なのですが、でもプロレスラーとして戦った分、働いた分はどこに行ったのかということが問題です。なぜならば、会場に誰もいなかったのに試合をしたのではなくて、確かにチケット代金を支払ったお客様は会場にたくさんいたのです。

JWPは特に大きなスポンサーがついていないので、チケット一枚一枚があたかもお金と同じというか、お金と近い価値になります。ですから、試合で激しく戦うプロレスラーは、お客様に観に来てもらうのにチケットを買ってもらい、生活をしていると言っても過言ではありません。

そのチケット代は一般に５０００円くらいで、高い席で1万円くらいなんですが、女子プロレスではだいたい最前列が５０００円、自由席が３０００円というところの価格帯です。実際に集客してお客様がチケット代金を払っているのに、プロレスラーに給料が出ない理由は、会社が事務所や道場を借りていて家賃を払い、またスタッフに人件費を使うからです。しかし、「だからプロレスラーには給料が払えない」と会社に言い出されると、団体の運営は、本当にうまくいかなくなります。

一方、道場というのはプロレスラーがとても大切にしているものです。選手が試合で激しく戦うために身体を鍛えて練習するのに不可欠な場所です。それで、大切な道場を失うことなく道場の家賃を払うぞ、と決心して誕生したのが道場マッチなのです。会場費がいらない道場マッチならば、普通の会場ならチケット代５０００円よりもう少し安くしてプロレスができます。その価格で集客して、つまり道場でお金を生み出すのです。私は15歳からプロレスの世界に入り、社会のことは知らないけれど、道場の家賃は道場で稼げばいいのではないのか、と単純に考えました。道場ならば最前列でも３０００円、自由席は１０００円とか、また道場のある足立区のお客様なら割引きをするとかです。

道場マッチを開催することは、プロレスに関する近隣の人たちの不安や誤解を解くことにもなります。プロレスの道場ってとっても怪しくないですか。私もこっそり道場に近づいてみる時があるのですが、道場の中から何か工事現場みたいな大きな音が外へ聞こえてきます。リングでバーンと受け身をとっているだけなんですけれど、とても大きな音です。また「この野郎ぉー」とか「ぎゃあああ」とかすごい声も聞こえてくるのです。だから、近所の人たちに、単なるプロレス団体の道場であって、危ない集団ではないことを知ってもらいたいのです。そう考えながら、道場マッチのチラシを配りながら、一度観に来てくださいと招待するんです。

ちなみに、ＪＷＰの道場の家賃は、安い足立区でも16万円だったのです。だからどうやってねん出しようかと考えました。チケット１０００円として１００人きても10万円と足りません。だから、ビールを売ろうとかカレーを作ってみようとかだんだん何でもやるようになってきました。そのため、道場マッチは、プロレスの試合には違いないのですが、だんだんお祭りみたいになってきました。お客様にとってもプロレスを楽しんでもらえますし、またお腹をすかせて来場するようになってきました。これまで10年以上で１４０回以上も道場マッチをやってきて、もちろんいまでも毎月開催しています。

実は、道場マッチでうれしい出来事がありました。道場マッチへ家族連れでプロレス観戦に来てくれた中からＪＷＰのプロレスラーが誕生したことです。当時小学校一年生の女の子が家族に連れられて観戦してくれて、その後、彼女が16歳になって女子プロレスでデビューして、実際にリングに上がって試合をしているという、これは現実の話なのです。しかし残念ながら、今日のこの時間は道場で練習していて國學院大學に連れてこれませんでした。

このプロレスデビューの話は、あたかも夢のような話ですが、私はとてもうれしく思います。プロレスラーになって、またＪＷＰでみんなと必死でプロレスを続けてきて、本当によかったと思います。その16歳のデビュー間もない新人のプロレスラーが、現在は観戦に来ている子供たちに夢を与えていると思えるからこそ、頑張れます。本当は道場の家賃をまかなうために始めた仕組みですが、新しい夢を生み出しているという、これはうれしい誤算ということになります。

「プロレスラー」になるまで

さて、ここまでは、ＪＷＰの実態とか、女子プロレスの運営の話、興行の話を手短かにしてきたのですが、これからもっとさかのぼって、そもそも私自身が現在こういうマスクを被って、このコスチュームで、プロレスを始めるまでの話をしたいと思います。つまり、いったいどんなことがあって、プロレスラーを目指し始めたのか、それからどんな経験をして、現在のコマンド・ボリショイというスター選手として、あるいは団体のリーダーとして他の選手を引っ張って運営を続ける存在になっているのかです。

現在やっていることは、当初はただ一筋にプロレスラーになりたいと努力を続けたいと思っていただけに、私自身がまったく想像しなかった状況なのですが、今回、突然に講義をお願いされたことで、自分を見つめなおすことができました。

改めて自分を振り返ってみて、いまの私がやっているプロレスラーという仕事に関わることになった転機というか、きっかけというか、一体何があったのかということをよく思い出すことができました。今朝、改めて気づいたこともありました。これから、私が普段は決して口にすることのないその話をします。

私がプロレスラーに憧れたのは、小学校6年生の時です。そもそも、私の年齢ですが、皆さんは全然気になっていないかと思いますが、一応言っておきますと、年齢は不詳ということにしています。現在何歳かは想像してもらえればいいのですが、私にも小学校6年生の時がありまして、プロレスラーになろうと決心しました。それは、初めてプロレスラーを見た時に、きらきらしたコスチュームを着ていて、ものすごくお金持ちに見えたのです。しかし、それと同時に、どうしてこんなに他の人を殴ったり蹴ったりしてたくさんのお金をもらえるのかと、疑問に思ったのがきっかけで非常に興味を持ちました。

私は、生まれた時からすぐ乳児院に入り、そこから児童養護施設に移って生活してきました。その生活の中で成長するにつれて早く自立しないといけないと考えるようになってきました。当時はもう中学校を卒業したらどこかへ働きに行って施設を出るという雰囲気があったというか、実際もそうだったと思います。少なくとも、私はそう思っていました。現在の児童養護施設では、そのままいて高校へ行けるとか、希望すれば大学や専門学校にも行けるから、少しずつ環境はよくなっています。私が施設にいた時はあまりそういうこともなかったのです。だから、中学卒業後を見通して、自分の進む道を決めて、早く児童養護施設を出ようと考えていました。

さて、小学校6年生にプロレスラーになることを決心した日から、生まれて初めて腕立て伏せをやりました。プロレスラーになるのだったら、まず身体を鍛えないといけないと思いました。当時私は現在の身長よりさらに10㎝低く、１３７㎝だったのです。だから小学校ではクラスで整列すると常に一番前に立ち、小さく「前へならえ」と号令をかけられて腰に手を当てていました。その私が腕立て伏せをやってみたら25回できました。でもそれが限界でした。本でプロレスのオーディション規定を調べてみると50回と書いてあったので、がっかりしました。また15歳以上でないとオーディションは受けられないことも知って、中学卒業までのあと3年間で何とかしないとまずい、と思いました。さらに目にとまったのは、身長165cm以上でないと不合格になるということでした。しかし、我ながら子供ってすごいのは、1年間に10cm伸びるとして、3年後には余裕でちょうどクリアできると思い込んでいました。

それで、中学校に進学して、プロレスのオーディションでは格闘技経験が有利になると聞きかじっていたので、合気道を始めました。児童養護施設にいたので、なかなか防具を買うわけにもいかなかったため、まず剣道部はあきらめ、次に柔道部に行きましたが男子だけの部だったので入部できませんでした。女子が入れる格闘技は合気道部しかなかったのです。

しかし、私はもうこの時点で絶対にプロレスラーになりたい血気盛んな中学生になっていて、自分より身体が大きい人をどう倒すかとか、どう殴るかとかを常に考えている危ない女の子でした。だから、相手の攻撃を待つ護身術である合気道にはなじめませんでした。

そんな時、「危ない女子」として学校中で有名で私に柔道部の先生から、そんなに柔道がやりたいなら協力すると話を持ちかけられ、女子柔道部ができました。合気道部から受け身がとれる女子を何人か柔道部へ移籍させて、めでたく柔道を始めることができたのです。同時に、私はどうしても空手も習いたくて、児童養護施設の人に無理を言って町の道場で空手を始めました。

それで格闘技の経験を積みましたが、柔道も空手も道場では仲間よりずっと強かったのです。

しかし、昇段する際の受験料まで出してもらうわけにはいかず、私は常に無段、つまり白帯のままでした。

さて、中学3年生になり、いよいよプロレスラーのオーディションを受けることになりました。友人たちはもう進学の準備で常に勉強に集中している状況で、私だけがいつも柔道着を着てあちこちを歩いていました。いつも、通学かばんの中にセーラー服が入っていて、着ているのは柔道着です。普通の生徒のかばんの中には、教科書とかノートとか、部活動のユニフォームなどが入っているのに対して、私の場合は部活の柔道着を着て通学し、勉強して柔道着のまま帰ってきて、次に空手着に着替えて出かけいく。みんなと反対でした。いつも近所を道着を着て歩いているというちょっと変わった女子生徒でした。

その時、あまり身長が伸びていないことに、はっと気づいたのです。身長は１４７㎝になっていましたが、オーディションの要件には届きません。でも大々的にごまかさずほんの３㎝だけごまかして１５０㎝と応募書類に書いて、ついでに体重についてもきりのよいところで50㎏と書きました。

それから、私が最も力を入れて書いたのが格闘技歴の欄でした。どこの大会でどんな成績とか、何級とか、いま考えればたいした記録でもないのに一所懸命書いて二つの団体を受験しました。

結果は、一つの団体は不合格でしたが、もう一つの団体から、「サクラサク」と書かれた合格通知をもらいました。その団体こそが、ＪＷＰの前身団体のジャパン女子プロレスでした。

私はすごくうれしくてとても張り切りました。何とか入団できたのがうれしかったのですが、それ以上に、入団後の生活が非常に楽しかった。なぜならば、私はそれまで女子プロレスに本当に憧れて、憧れぬいて、月謝まで支払って格闘技を習っていたのに、プロレス団体の生活では児童養護施設ではない部屋で寝ることができて、食事ができて、トレーニングしても、プロに教えてもらっても無料だからです。また、会社は将来の私に期待してくれているのがわかりました。初任給は3万円だったのですが、給料までもらえる現実に心が躍りました。

それほどまでにプロレス団体の生活は楽しかったのです。しかし私は無知というか、給料日がいつかよくわからず、最初は気づかなかったのですが、途中から給料が出なくなっていたのです。他のレスラーたちは給料の未払いにものすごく怒って、中には退団していく人たちがいました。しかし、同期の10人くらいの新人は残っていました。

「コマンド・ボリショイ」の誕生

さて、プロレスの試合では悪玉と善玉の選手がいます。つまり、プロレス用語でヒールとベビーフェイスです。ヒールは、当時ダンプ松本とかアジャコングとかが有名でしたが、興行を盛り上げる存在です。ヒールがいるならベビーフェイスという存在も重要になります。このベビーフェイスはそう呼ぶくらいですから、だいたいはアイドルのようにかわいいレスラーです。これら悪玉と善玉の立場の選手の他に、必要なのがベテランと新人の選手です。普通はこの４つのポジションがあります。

プロレス団体は、だいたいそれらの構成の一座で全国会場をまわるのですが、実はプロレスの試合には忘れてはならない、もう一つの大事なポジションがあります。それがマスクマン、マスクウーマンです。私は実は、新人の立場からみてマスクウーマンのことを不思議な商売だと思っていたのですが、団体で当時マスクを被っていたレスラーが、突然マスクを脱ぐことになったのです。そのため、これまで通りの興行を続けるために、マスクウーマンが欠けてはまずい、という状態に追い込まれました。そこで、誰かマスクを被れ、という、マンガみたいな話が出てきたのです。

一方で、新人レスラーというのは試合に出るための競争率が非常に高いのです。なぜならば、10人の新人の選手がいて、当時の興行はだいたい５試合でしたから５試合の中で、人気選手の試合は当然として、ベテランの試合あり、悪玉対善玉の試合あり、ということで、新人が出場できるのは１試合だけになります。というのは、もし10人のうちまだレベルの低い新人の多くが試合に出場したら、観客は怒りだしてしまうからです。

ですから、新人選手や若手選手は、一つの興行で普通2、3人しか出場できません。たまに若手同士をタッグにしたり、ベテランも中に入ったりして工夫をしても最大5人が限度です。このため新人が10人もいたら常に出場できない選手がいます。要するに部活動とかなら補欠の立場でベンチに座っている状態です。

こうなると、会社側から、新人の中で誰かマスクを被らないか、と持ちかけられると、新人の中で早く抜け出したいと思っている選手が応じることになります。しかし、当時の新人たちは自分の憧れた素顔のプロレスラーがいて、自分も素顔で勝負したいと思っていたらしく、会社の打診をどんどん断っていました。次々に辞退し、いよいよ4番目に私のところへマスクの話がきましたが、そんな意向をたずねてもらえてうれしい反面で、みんなが断るなら自分も断ろうという気持ちが強く、私も辞退しました。ただし、いい方としては、「もうちょっと考えます」でした。でも、すぐに考え直しました。5番目の選手に打診されて承諾して決まってしまったら私のチャンスが消えてしまうので、あわてて電話して「よろしくお願いします」とマスクウーマンを希望しました。

そこから、女子プロレスラーとしての修行だけでなく、マスクウーマンとしての修行が始まっていきます。しかもマスクウーマンになるためのその修行期間が長くかかってしまいました。

皆さんがみてわかるように、私のマスクにはピエロの鼻がついています。つまり、ピエロのキャラクターなのです。このため、私はピエロを演じるために、一輪車に乗らなくてはならなくなりました。しかし、私は一度も一輪車に乗った経験がなかったのです。だから、必死になって一輪車の練習を始めました。

例えば、寮から道場まで1時間くらいかかるのですが、一輪車に乗って通いました。でも、一輪車にはブレーキがないので、どんどん進んでいくと困ることがあります。寮と道場との行き帰りの道には通学路があって、同じくらいの年齢の生徒が歩いていて、通る邪魔になると一輪車から降りたくなるのです。でも一度降りると壁とかに行ってもう一度乗り直さなければならなくなります。それを避けるために生徒たちにどいてもらおうとベルを鳴らそうとしますが、自転車と違ってベルがありません。どいてもらうには、方法は一つしかありませんでした。はるか手前から、「どいて、どいて、どいて」と大声で叫ぶしかないのです。同じくらいの年の女子たちに「この人何やっているの」「面白そう」と思われながら、一輪車で転びたくなくて必死に乗って、無言のまま練習を重ねました。こんな毎日を繰り返していましたから、もちろん一輪車を乗りこなすことは上達しました。正直にいうと、私はいまでも自転車に乗るのは下手なのですが、一輪車は上手に乗れます。

さて、一輪車が上達したところで、何とか無事に「ボリショイ・キッド」というリングネームをもらって試合をするようになりました。それがもう24年前のことです。当時はサーカスのピエロのように、ハイレベルなパフォーマンスの合間にちょっとおどけてみせて観客の緊張をほぐすような楽しいキャラクターがモチーフのレスラーだったので、私はとても楽しい試合運びをすることができました。

しかしそのうちに、会社側が、ボリショイ・キッドでは、これまで団体が培ってきた高度なレスリングの技術を試合で見せることが難しいと判断したため、別途コマンド・ボリショイというリングネームで、格闘スタイルで戦う機会をつくってくれました。現在、私はボリショイ・キッドとコマンド・ボリショイの両方で試合に出て戦っています。

引退願望から一念発起

さて、ここで私は23年間のプロレス選手生活を振り返ってみて告白しますと、途中で何度もプロレスをやめようと思った時期がありました。会社としては、キューティー鈴木をはじめ、人気選手、アイドル選手、スター選手がたくさん所属していたこともあり、私としては特に何も背負わされることなく、プロレスに打ちこませてもらえたのは事実です。けれども、自分が思うような試合ができないなどで悩む時期のほうが長く、プロレスラーの幕を引くことばかりを考えていた時期があります。いったいどのように引退するのかが頭から離れませんでした。

しかし、ある出来事がきっかけで、そんなに簡単に引退するのはやめました。状況としては、確かにいいプロレスラーが引退したり、他団体へ選手が移籍したりして、参加選手が少なくなれば興行はうまくいかなくなっていました。それに伴って、道場の家賃や会社の運営費用が優先され、所属する選手の給料が後回しにされました。

そんな事態を経て選手が少なくなっていくのに、私はとても客観的に、ある意味では好奇心旺盛でみていました。どういうことかというと、まるで大型船が沈んでいくような感じであり、しかもこの船が最後にはどのように沈むのか、すごく他人事のようにみていました。どうしてそんな気持ちになれたかといえば、私はその時までに10年以上プロレスを続けてきて、たくさんの試合もしてきましたから、いつ引退してもよいと割り切っていたからです。実際に当時は十年選手といえば、もうずいぶんとキャリアが長いベテランのレスラーとみなされていましたから、私が引退を考えてもおかしくありません。

会社はそれまで所属選手たちを団体からやめないよう引きとめていたのに、自分で自由に決めていい、というように切り替わった時、「じゃあ、私はやめます」「まだどうするか決められません」とか年齢を問わず、全員が本当にいろいろな態度をとりました。

その中で一番キャリアが長くて年長の私が、年下のレスラーたちと話してみたら、一番キャリアが浅くて人気もない選手が、「私はたとえ一人になってもＪＷＰに残って頑張りたい」と言ったのです。予想もしていなかったこの若いレスラーの言葉に私は衝撃を受けました。

沈みゆく船のようなプロレス団体の末路を冷静に眺めていた自分が、ひどくバカバカしく思えてきました。自分の団体を愛している選手がいるとか、団体があれば精一杯プロレスをやりたい、リングで暴れたいという選手がいるのに、自分だけが受け流していることに違和感を感じました。私が、このレスラーたちをもっと評価される舞台に連れていかなくてはならない、と決心しました。

私は当時、プロレスの他には何もできませんでした。電話の応対もできないし、パソコンもまったくできません。それでも、そんな私がある意味では無責任に、「みんなでやろう。できるか」と呼びかけたら、「できます」「やりたいです」と答えてくれました。それで今日の冒頭の話と重なってきますが、５人のプロレスラーがＪＷＰに残ったのです。

そこで全員で話し合いを始めました。そこでみんなで確認したのは、自分たちでやれば、独自の方法でＪＷＰを運営できるということです。それまで女子プロレス団体は、プロレスを経験したことがない人たちが経営していました。決してそれが悪いわけではないけれども，初めて選手の考え方や立場で運営を変えられるようになったということです。受け身をとってきたとか，痛みを感じてきた人間しかわからない気持ちや感じるものを理解しながら，プロレス団体を運営できるということです。

何度も言うとおり私は年齢不詳なのですが，その新たなスタートを切る決心をした時は，40歳にはなっていませんでした。それまでの経営者はみな40代以上でしたが，私は実は30歳にもなっていませんでした。この若いだけで何も知らない私の感覚だけで，みんなでやればＪＷＰをもっと面白いプロレス団体にできると信じて改めてスタートしました。

実際に，残った他の４人の選手はプロレスのセンスとか，技量やモチベーションの高さには素晴らしいものがありましたし，これから人脈を広げることにも希望が持てました。それで，当時のプロレス界の考え方にとらわれないで，若い自分たちの感覚でできるところまでやろうと挑戦してきました。例えば，新しいプロレス会場を開拓して押さえるとか，もっとパソコンを駆使したポスターづくりを追求するとか，ホームページづくりを含めて自分たちでしっかり勉強しました。

その努力の中から，女子プロレスのことをもっと一般に知ってもらうために，フリーペーパーが生まれました。駅に置かれている飲食店のフリーペーパーを手にとって、どうしてこんなに大量の紙に印刷したものを無料で配れるのか考え込んで、広告収入があることに気づきました。それならば、ＪＷＰも広告を集めて大量に配れば、その会社の宣伝になるし、ＪＷＰも宣伝になるとわかり、実際にフリーペーパーの制作まで実現してしまいました。もう5年以上継続して発行して配布しています。このフリーペーパーづくりは、何でも思いついたことをやる、自分たちで勉強しながらやれる、という自信につながりました。その意味ではＪＷＰの姿勢を表現するツールといえます。

今後もチャレンジあるのみ

そこから、次々に何でもやるのが日常になり、何が日常で何が特別なことなのかよくわからなくなってきたほどです。自分がプロレスラーであること、そのプロレスが世の中に存在すること、女子プロレスがあること、ＪＷＰという女子プロ団体があること、などたくさんの人たちに知ってもらうためにどうすべきかを常に考えて、そのために何にでもチャレンジしています。

そのチャレンジの一例が音楽活動です。皆さん、ぜひ「YouTube」をみてもらいたいのですが、私は「雨のち晴れ」という曲のＣＤを出してます。つまり、女子プロレスラーが歌も歌っています。ただし、私は特に歌がうまいわけではありませんし、弾き語りをするそのギターも上手なわけでもありません。それでも、ぜひとも聞いて欲しいメッセージがあるから、どうやって伝えようかと考えた末に歌にたどり着きました。自分で詞を書いて、歌うこともあれば、聴覚障害者の人たちには、自分で勉強した手話で伝えることで聞こえない仲間にも歌を届けています。

そうしているうちにいろいろな舞台が広がっていきます。現在、１カ月に何度かライブをさせてもらっています。例えば、大阪の会場でプロレスがある時には、大阪でライブをしています。

その他にも、プロレスのことを人々に知らせるために、私は児童養護施設でたくさんの活動をしています。別にその子供たちにプロレスラーになって欲しいのではなくて、他になんでもいいから将来の夢に向けて頑張って欲しいのです。児童養護施設にいることが恥ずかしい子供もいると思います。社会に出るのことをこわがったり、つい友達と比較して引っ込み思案になったりしがちです。でも、コマンド・ボリショイが施設にいたということで子供たちが話題にしたり胸を張れる、そういう存在になりたいといつも思っています。でも、そのためには私はスーパースターにならなくてはなりませんので、一所懸命やっています。

さて、今日は２人の選手がこの授業の講師を引き受けた私の応援に来てくれていますので、登壇してもらいご紹介します。

まず、皆さんがちょうど生まれた頃にプロレスラーにデビューした、キャリア18年のＫＡＺＵ

ＫＩ選手です。このＫＡＺＵＫＩ選手は、ひざを使った攻撃を得意としておりまして、どんな状況でも、いつでもどこでも誰にでもひざ蹴りしたり、ひざで踏みつけたりする技を多用します。ですから、ＫＡＺＵＫＩ選手を紹介するためのキャッチコピーは、「わがままなひざ小僧」となっています。

また現在、ＫＡＺＵＫＩ選手は、スタッフとして、私の最も信頼する側近です。つまり右腕人材で、さまざまな面で私のサポートをしてくれています。この授業に出かける時も、車で私を迎えに来てくれて、國學院大學まで運転してくれました。なお、ＫＡＺＵＫＩ選手は、チケットの手配とか枚数の過不足の確認とか、売れ行きの管理など、チケット管理全般も担当しています。

さて、もう一人のプロレスラーは、ラビット美兎選手です。すごく小さいプロレスラーです。女子プロレスの世界で、やはり小さい私のことを見上げてくれる唯一のレスラーです。身長は１３９㎝です。つまり、私がプロレスラーになると決心した小学校6年生の時の身長とあまり変わらないのです。ですから、ラビット美兎選手を紹介するキャッチコピーは、「世界最小のプロレスラー」です。

また、このラビット美兎選手は、私の付き人をやっています。プロレス界は、相撲と同じく、昔から付き人制度があります。先輩の選手と一緒にいて身の回りの世話をしたり、他にもいろいろありますが、下積みというか、修行中という立場になります。一人の先輩選手にくっついているこの期間に、いろいろ先輩から教えてもらったりして学ぶということで、全ての選手が付き人を経験します。しかし、そうして修行しながら、ラビット美兎選手は試合に出場して、一人のプロレスラーとしてばりばりと立派に活躍しています。

さて、もう一度お手元にあるチラシをみてください。これからの試合のスケジュールが掲載されています。後楽園ホールほか、さまざまな会場で試合がありますから、皆さんぜひ観戦に来てください。先ほどお話したように、プロレスの試合には、新人からベテランまでさまざまなプロレスラーが活躍します。時には引退試合というめったに見られない試合もあります。

もちろん、私やＫＡＺＵＫＩ選手やラビット美兎選手も出場します。今日は授業でＪＷＰ女子プロレスの話を聞いてもらえたので、皆さんにプロレスのことを理解してもらえたと思います。今度はプロレスラーとしての私たちの活躍をみて欲しいのです。

ちなみに、ラビット美兎選手は現在18歳で、皆さんと同年齢でして、中学校を卒業してからプロレス一筋です。プロレスはそういう見方も面白いです。みんな年齢が同じでも、それぞれ違った人生があり、それぞれが一所懸命自分で切り開いていく。どこかでそれぞれの人生に出会っていくのは面白いと思います。

それでは、これから先ほどお話したＪＷＰのフリーペーパーを配りますので受け取ってください。どうか友達や家族にも宣伝をよろしくお願いいたします。今日は授業でＪＷＰ女子プロレスの運営について話す機会をいただき本当にありがとうございます。それでは皆さん、今度は、プロレス会場でお会いしましょう。

キーワード

○ JWP 女子プロレス

ジャパン女子プロレスから移籍したレスラーたちが1992年に旗揚げしたプロレス団体。現在女子プロレス最古の老舗団体であり，試合のクオリティーの高さは業界一との定評がある。

○後楽園ホール

1969年に開業した東京ドームシティ内の後楽園ホールビル5階の興行用ホール。主にプロレス，プロボクシングなど格闘技の快適な観戦ができるよう設計され，「格闘技の聖地」と呼ばれる。

○児童養護施設

保護者がいないなど養育が必要な幼児や児童を原則として1歳から18歳まで（20歳まで延長できる）入所させて養護し，退所した後の自立を援助する国の施設。また1歳未満の乳児は原則として乳児院に入る。

○モチベーション

人間行動の方向，強度（エネルギー），持続性を決定する心理的メカニズム，もしくは従業員を組織目標の達成に向かわせるために経営者が用いる手法。動機づけ。関連する理論は数多いが，大きく内容理論（マズローの「欲求階層説」など）と過程理論（ブルームの「期待理論」など）に分けられる。

○フリーペーパー

記事の編集や発行に要する費用を広告収入で賄うことで，無料（フリー）で発行される印刷メディア。求人情報や地元店舗の紹介など地域密着型の雑誌を中心に成長を遂げ，現在では多種多様なジャンルのフリーペーパーが発行されている。

第8講

國學院大學の経営

佐柳正三（國學院大學常務理事）
中村大介（國學院大學財務部次長）

大学経営の基本

皆さん、こんにちは。國學院大學常務理事の佐柳正三です。私も國學院大學の卒業生で、講義に入る前に私が入学した1964年当時の話を紹介したいと思います。

現在、2020年の東京オリンピックの話題が多いのですが、1964年といえば、前回の東京オリンピックが開催された年でした。当時日本中がオリンピック一色に包まれていました。この渋谷はどうかといえば、国立競技場が近いし、代々木体育館やオリンピック選手村も近いので、一番盛り上がっていました。私も授業の合間に出かけて、慣れない英語で選手にお願いしてサインをもらっていたりしました。

國學院大學もオリンピックと関わりがありました。最新校舎の5号館は以前体育館だったのですが、その古い体育館が当時、オリンピックのフェンシングの練習会場で、五輪の旗と日本の国旗が翻っている中で、各国のフェンシング代表選手が練習していました。ですから、私は次回の東京オリンピックの頃に渋谷の街がどうなっているのか非常に楽しみにしております。

さて、これから本題に入りますが、まず國學院大學からみますと、皆さんは毎年約100万円の買い物をしてくれる大事なお客様です。つまり、大学と学生の関係は、授業を支払う顧客であり、経営者としては、高いところからみるのではなく、皆さんを大切な顧客であると意識しています。もちろん、教育機関ですから、実際には商売のような接客にはならないのですが、教職員は、顧客を大切にする気持ちを持っています。学生の皆さんの要望に応えて、教育の質を保証したり、入口つまり入試、中身つまり教育、出口つまり就職をきちんと提供しなければなりません。これを大学経営の基本に置いています。

それから、**法人**とは何かということです。学校法人國學院大學という場合の「学校法人」という法的な問題を少しお話しましょう。「学校教育法」第2条では、学校の設置者ということで、「この法律で、国立学校とは、国の設置する学校を、公立学校とは、地方公共団体の設置する学校を、私立学校とは、学校法人の設置する学校をいう。」とあって、学校法人ができます。学校法人、法人という言葉は聞きなれない言葉だと思います。

法人は「民法」の第3条の1で、権利能力の始期について私権の享有は、出生に始まる。としています。自然人、つまり普通の人の権利は生まれた時から始まる、いわゆる出生主義ですが、法人は権利・義務の主体たる資格、これを権利能力といいますけれども、自然人以外で権利能力を認められた存在というわけです。この法人にはいろいろありますが、一般社団法人、財団法人など「会社法」や、学校法人の場合は「私立学校法」によって定められています。つまり、誰でも根拠もなく法人となれるわけではありません。法人法定主義というのですが、法律によらなければならないのです。

ですから、國學院大學を含め、私立学校を設立するには「学校教育法」「私立学校法」はもとより、大学の場合は大学設置基準に基づきまして文部科学大臣の認可を受ける必要があります。なぜならば、学校は、公の性質を持つことから、組織として「永続性」「確実性」「公共性」が必要であるからです。企業としては、成長性とか、収益性、安全性などの確保が必要であり、株主に対して責任がありますが、学校は、大臣の認可を受けなければならないので非常に厳しい。例えば、大学教育の課程とか、収容定員、卒業の要件、資産とか、それから、校地校舎や施設整備はどうかとか、さらには、教員にはその科目を教える資格があるかどうかなど、非常に厳しい審査があります。

まず、このような厳しい審査こそが学校経営のポイントです。現実に最近では学生が集まらなくなったということで廃止する学校も出てきていますが、在学する学生はほんとに困ります。ですから、学校には「永続性」「確実性」「公共性」の確保が求められるわけです。

組織と計画

さて、國學院大學をどういう組織で運営しているかということですが、ピラミッド型のようになりますけれども、各学部や事務局、資料室があって、その上に理事会があります。この理事会というのが学校を経営している組織体です。さ

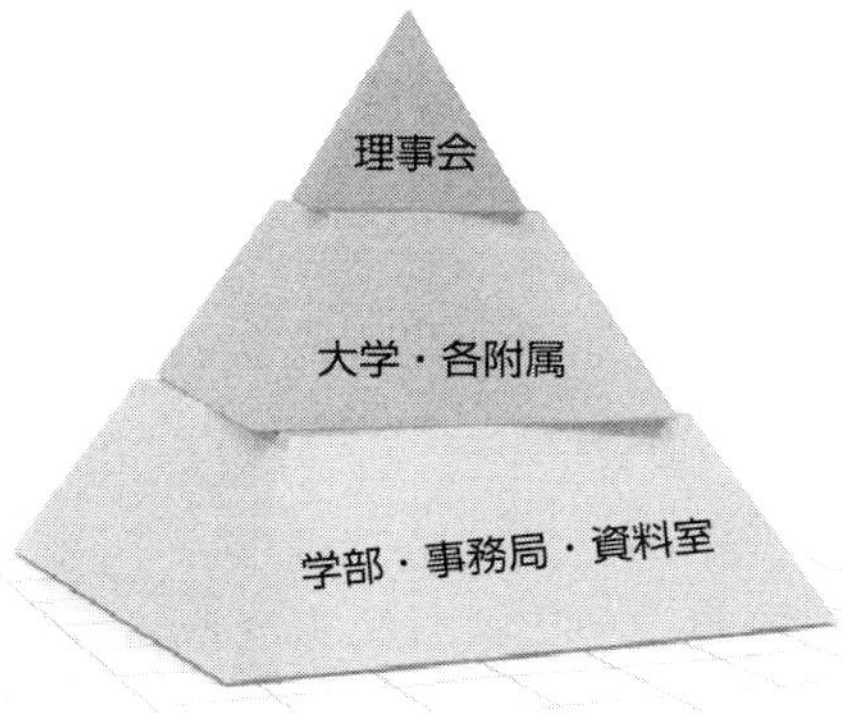

理事会
評議員会、常務理事会、監事会、法人事務局、内部監査室等

大学・各附属
國學院大學、國學院大學北海道短期大学部、國學院高等学校、國學院久我山中学高等学校、國學院附属幼稚園、國學院幼稚園

学部・事務局・資料室
各学部・大学院・専攻科・別科
研究開発推進機構・教育開発推進機構・大学事務局・資料室　など

図表１　学校法人　國學院大學の構成

らに重要機関として評議員会、監事会等があります。それから、学校法人の設置する学校があります。

理事会の構成員は、坂口吉一理事長の他、常務理事や理事、監事です。常務理事が二人いて、それぞれ業務を分担しております。常務理事の一人である私が財務、収益事業、短期大学部、理事長代行を担当しております。もう一人の大村秀司常務理事は、総務、広報、國學院幼稚園を担当しております。他の理事もそれぞれの担当があります。もちろん、赤井益久学長先生は理事ですし、皆さんが所属する経済学部長の尾近裕幸先生は入学、就職担当の理事で、前神道文化学部長の石井副学長先生、文学部教授の針本副学長先生、國學院高等学校長の津田先生、國學院久我山高等学校長の今井先生、その他に外部の理事がおります。合計16人の理事によって理事会を構成しています。外部の理事にはご子息と典子女王殿下の結婚が話題になりました出雲大社の宮司の千家尊祐様、明治神宮、伏見稲荷大社、鶴岡八幡宮の宮司の方々も入っております。

それでは、実際に國學院大學の運営や意思決定はどのようにしているのかというと、まず理事長のもとに、「21世紀研究教育計画」を策定する委員会があります。そこでは、現在だけでなく10年先の國學院大學の運営に関する中長期計画を立てています。

この計画の体系は、建学の精神と使命つまりミッションということで、まず、「伝統と創造」「個性と共生」「地域性と国際性」の「3つの慮《おも》い」があります。また、それを通じて國學院ブランドの確立と強化を進めるために、「教育基盤整備」「研究基盤整備」「人材育成基盤整備」「国際交流基盤整備」「施設設備基盤整備」の「5つの基《もと》い」を設定しています。先ほど申し上げた各理事は、これらをそれぞれ担当しているわけです。

もっと具体的にいえば、建学の精神を活かした個性ある教育と研究の実現、および、日本の社会の中核を担い、グローバル化に対応できる人材の育成を目指す計画です。「21世紀研究教育計画」は3度の修正を終えていて、つまり三次まで計画を進めている段階です。

このような計画が大学経営において一番大切なことでして、将来にわたり計画をきちんと立てて、具体的な行動を起こし、それを監視するというPDCAサイクルによって、ビジョンを達成する戦略を策定し、戦略実行のための取り組みを具体化しているのです。実は皆さんが受講する授業は、あるいは将来の授業は、この計画によって組み立てられているのです。

また、この計画に基づいて具体的に実施した場合にはお金がかかります。その点を含めて、もっと具体的に短期の事業計画を作成します。こうした短期計画も含めて私が話すことは、國學院大學のホームページ上の「大学案内」で「平成27年度事業計画書」として公開しています。國學院大學がどのようなことを計画し、目指しているのかを皆さんが知ることができますので、ぜひご覧いただきたいのです。

健全な財務管理で施設を充実

ところで、國學院大學の財務面はどうかということですが、國學院大學では、２０２３年まで財務のシミュレーションをしております。つまり、経営の安全性と健全性を確保するために、収入と支出の予測をした上でさまざまな事業計画を立てるのです。

例えば２０１２年は創立１３０周年記念でしたが、これから創立１４０周年とか１５０周年をしっかり迎えて、記念事業を実施することの検討に入っています。その際には、予算を立てることになりますが、財政基盤の確立が非常に大事になってきます。予算は、皆さんの財布の中身とまったく同じで、入ってきたお金と出るお金のバランスをとらないと、たちまち行き詰まってし

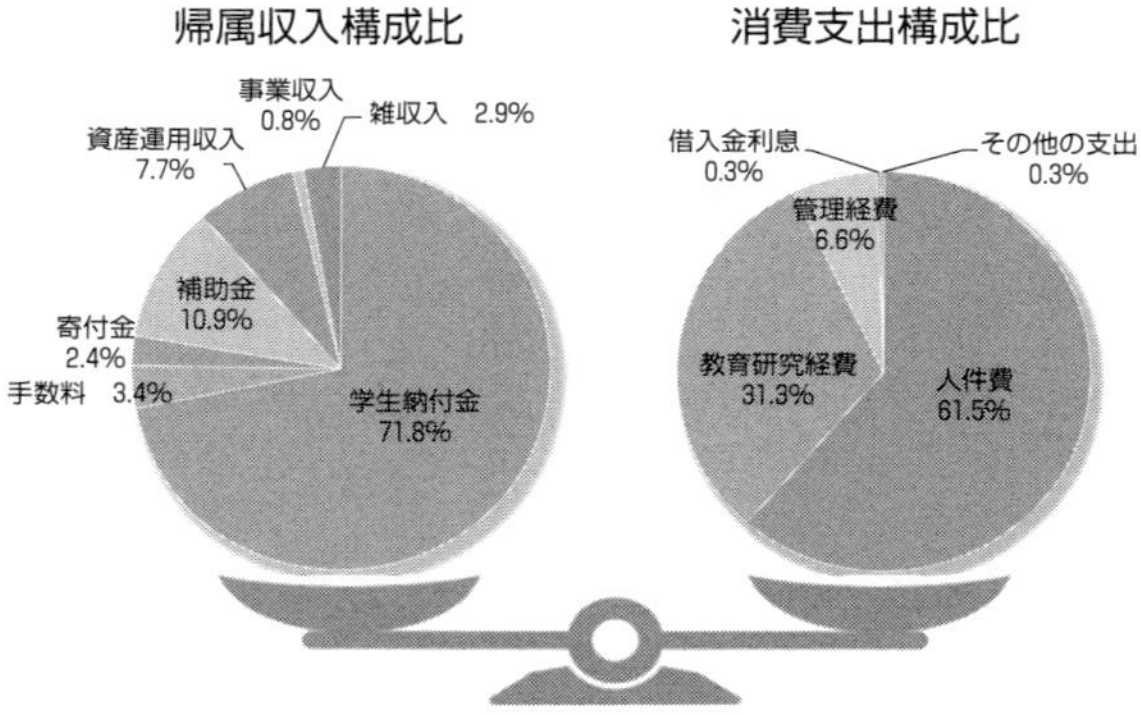

図表２　平成25年度決算

まいます。そうならないように、一定の学生数とか、人件費、教育研究経費、管理経費を管理しながら、あわせて資産運用もしていますので、財務シミュレーションが大切です。

さらに、決算ということになりますが、事業計画書に対して、実際にどのように実行したのかについて事業報告書を作成します。これも非常に大事なことです。もし、事業計画書と事業報告書の内容がばらばらであれば、計画を立てた意味がありません。例えば、計画があるのに実行していないとか、実行はしたが途中までなどの場合です。決算によってそれらがきちんと裏づけられます。大学の経営では、こうした事業計画、予算、決算が一連の流れになっていかなければなりません。

２０１３年度の例をあげてみましょう。この時の決算では、収入と支出がどういう割合になっていたのでしょうか。まず収入ですが、学生の入学金や授業料の学生納付金が最も多くて71・8％、一番の収入源が授業料などの学生納付金ですが、それと他の収入を合わせてもなかなか運営できないので、主に債券で資産を運用しています。

それに対して支出ですが、最も多いのが人件費で61・5％となっています。大学では企業のように製品開発や製造のためのさまざまな投資というより、教職員が動く組織ですから、教職員の給料などの人件費が一番かかります。企業ではこの人件費が10％台から20％台になりますが、大学では5～6割以上になります。ですから、大学ではこの突出した人件費が膨らむとバランスを欠くことになります。教職員がたくさんいますので、経営者としては大変な点です。私も若い頃からたくさん給料をもらいたかったし、皆さんもそうなのはわかっていますけれど、他大学の水準などをみて給料を決めて人件費を管理することが大学経営の大きなポイントになっています。

さて、実はこの國學院大學でも、財務面で大きな危機に陥ったことがあります。多額の赤字を出し借入金を抱えている時期があったわけです。現在では、もう健全な財務状況になっており、メインバンクにおつきあい程度の借入金が10億円弱くらいあるだけです。しかし、十数年前には、先ほどお話したような財務のシミュレーションもなくて計画的な財務ではなかったために多額の借入金が発生していました。

さらに、当時は追加の費用も発生しました。それは首都直下型地震の発生に備えるということで、渋谷の再開発のために約３００億円程度の投資をして、将来の皆さんの安全を確保する判断をしたことによります。そのため、どうしても人件費の削減に踏み切らざるを得ませんでした。大学の役員と教職員とで本当に何十回にもわたり話し合いや交渉をして、給料の引き下げ、ボーナスの引き下げ、退職金の引き下げ等を断行して借入金を返済していきました。その結果、財務状況が好転し、いま皆さんが授業を受けているこの教室のある新しい校舎もほとんど無借金で建てることができました。同時に、渋谷キャンパスだけでなく、たまプラーザキャンパスも改築してきました。

この経緯を知るだけでも、大学経営にとって、大きなウエイトを占める人件費が非常に大切な要素であることがわかると思います。それもそのはずで、改めていえば、大学というのは人間の集まりなのです。ですから、すべて人件費に注意しながら、計画に基づいて支出を行う、その支出は将来に対する投資でなければならないのです。

さて、いったん私の話を終えて、もう一人の講師の中村大介さんと交代しようと思いますが、最後に、これからも國學院大學は現在のままでとどまっているわけではないということを宣言したいのです。

ちなみに、私が國學院大學に入学した時に先輩から教わった「大学数え唄」というものがあります。当時の大学生はみんな歌っていたものですが、皆さんはもうこの唄のことも知らないでしょう。その冒頭で「一つとせ、一つ渋谷の丘に建つ國學院のボロ校舎」と始まります。つまり、いかに國學院大學が貧弱な施設であったか、しかもそれを他の大学の学生が歌っていた、というわけです。

ところが、皆さんも知っているとおり、都内の大学でも有数の素晴らしい施設のキャンパスになっています。どうか胸を張って他大の学生に自慢して欲しいものです。しかし、だからといって、ここでとどまるわけにはいかないのです。きちんと維持管理して、何十年後はこの美しいキャンパスの施設を再び建てかえていくことを計画的に行います。つまり、完成したキャンパスでおしまいではなく、次のステップに入っていると認識してください。そのために國學院大學の経営者は日々苦心しております。

さて、次に國學院大學の主な歴史を振り返りながら、大学の経営について理解して欲しいと思いまして、中村さんとバトンタッチします。中村さんは國學院大學経済学部ＯＢであり、皆さんの先輩です。

（佐柳正三）

皆さん、こんにちは。財務部次長の中村大介です。ここまでで皆さんは、学校法人成り立ちから始まり、経営組織論、意思決定のプロセスまでの話を理解できたと思います。ここから、國學院大學の歴史ということで、いわば経営史の内容になります。

國學院大學の経営史

國學院大學は、もともとは千代田区飯田橋にあった皇典講究所からスタートしておりまして、現在も、その飯田橋には國學院大學発祥の地という石碑があります。皆さんの中で興味がある学生は、ぜひ飯田橋を訪れてみてください。

國學院大學は、1920年に「大学令」により大学に昇格しましたが、これが大きなポイントです。なぜならば、國學院大學は、慶應義塾大学、早稲田大学、明治大学、中央大学、日本大学、法政大学、同志社大学とともに、これら8つの大学がまず日本の私立学校として初めて大学になったからです。つまり名誉と伝統のある8大学の一つでして、本学の学生であることにプライドを持って大学生活を送って欲しいと思います。

國學院大學の経営史としてみるならば、2つ目の大きなポイントとしては、1923年に、飯田橋からここ渋谷キャンパスの土地へ移転してきたことです。渋谷キャンパスは、この教室のある中央の敷地と、学術メディアセンター（AMC）がある常磐松敷地、それに5号館のある南側

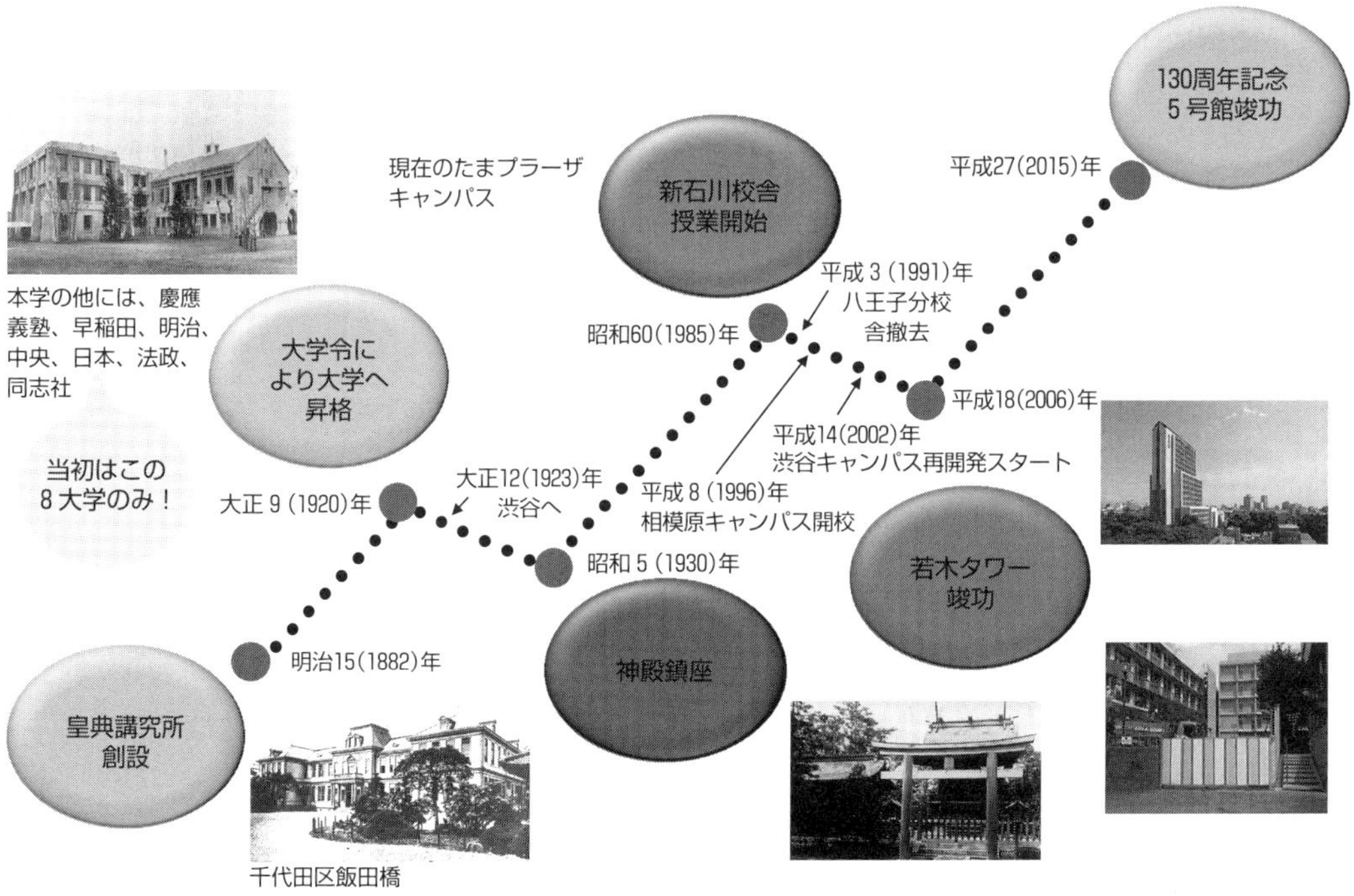

図表3　國學院大學の歴史

敷地の3つのエリアがあります。これら移転前は、実はすべて国有地でした。また、國學院大學のすぐ隣の広尾中学および高等学校がある敷地は当時東京農業大学が国から借り受けていました。

この移転の際に、国側から土地の払い下げを受けますが、どこまでの広さが必要なのかを打診されました。その当時の経営者は非常に奥ゆかしく、現在の3つの敷地だけでいいと判断したのです。一方、東京農業大学は、その時点で隣の敷地から撤退しまして、ご承知のとおり、現在の世田谷区経堂にキャンパスを移しました。つまり、広尾中学・高等学校も非常に大きな敷地ですから、この土地の払い下げを受けるか否かの判断が大きなポイントでした。なぜならば、もし所有していれば、以後の國學院大學には、1985年に授業を開始した「たまプラーザキャンパス」も、その後96年に開校した「相模原グラウンド」も必要としなかったかもしれないからです。この渋谷キャンパスだけで大学の維持、発展が果たされていたのかもしれません。

続きまして、3つ目の経営史のポイントは、1991年に八王子分校舎を撤退したことです。この八王子分校舎は当時の学生数増加に伴って、80年代後半に土地と建物を八王子市から購入したものです。現在この八王子地区には、やはり当時大学の郊外化を進めた多くの他大学がキャンパスを持っています。しかし、当時の國學院大學の八王子分校はそれらよりもっと交通の便の悪い山中にありました。ここで本学は、郊外化にいち早く見切りをつける経営判断をして91年のバブル経済期にこの八王子分校を売却しました。それにより大きな売却益を上げまして、後に２００２年からスタートした渋谷キャンパス再開発の一部にもその資金を充当したという経緯があるキャンパスです。以上が國學院大學のキャンパス面での歴史でした。

身近な数字で「國學院」を知る

次に、國學院大學の経営の変遷を理解するために、皆さんからみて身近な数字を使ってお話したいと思います。皆さんの中には1、２年生が多いわけですが、上級生もいるので、年齢に着目して皆さんが生まれた20年前を指標として現在と比較してみましょう。

20年前の１９９５年といえば、阪神淡路大震災や地下鉄サリン事件といった大きな災害や事件が発生した年でした。当時はいわゆる円ドル換算で、１ドル＝80円を切っていた非常に円高の時代でした。現在では1ドル＝１２１円前後ですから円安が進んだわけです。ちなみに、最近の株価は2万円を超えた株高であるのに対して20年前も1万９９００円とそれほど差はありません。

さて、皆さんが支払う学費についていえば、20年前は、79万３０００円、現在が91万１０００円となっています。もちろん学内でも販売していますが、缶ジュース1本は20年前が１１０円、２０１５年が１３０円です。ですから、缶ジュースの価格を指標とするならば、物価はもちろん消費税増もありますが18％上昇していることになります。それに対して学費は14％程度の上昇となり、少しだけ抑えていることがわかります。

先ほどご紹介がありましたとおり、私も経済学部卒業生ですが、在学中には、経済学科の1学科しか設置されていませんでした。國學院大學としては、経済学部の他、文学部に文学科、史学科、神道学科の3学科、法学部に法律学科というように、20年前の当時は3学部5学科体制でした。現在はご承知のとおり、5学部13学科となっています。

2つの時点の学生定員は20年前が8000人弱であるのに対して、現在は8605人です。佐柳常務理事がお話したように、現在の大学収入や資産運用はさまざまですが、最大の収入は皆さんの学費でありますから、このように学部や学科を増やし定員を増やすことにより、収入も安定的に推移してきたということです。

次に、数字ではなく施設の比較をしたいのですが、まず20年前には、皆さんが聞いたこともない本館や常磐松1号館、同2号館、同3号館という建物がありました。これらは渋谷キャンパス再開発で取り壊しまして、新たに建てかえました。それから若木会館と百周年記念会館については、それぞれ部活動などの部室のある建物と、法科大学院等が入っている建物で、ともに現存しています。

現在の施設は若木タワー、１２０周年1号館、１２０周年記念2号館、３号館、１３０周年記念5号館、学術メディアセンターつまりＡＭＣというように非常に新しい建物になっています。急ピッチで建設しましたが、その当時在籍した学生によっては在学中の4年間ずっとどこかで工事をしていたという状況でありまして、大変に迷惑をかけてしまったと思っております。

さて、この渋谷キャンパスの再開発によって、教室、研究室、事務室等の面積は従前の１・６倍となりました。ただし、面積が増えただけでなく、質的にも変わりました。従来と異なり耐震性を万全にしましたし、もともと狭い敷地ですから教室等の狭隘化も建物面積拡充により解消し、教育に対するＩＣＴの利用要請にも応えています。

なお、現在は学生数が全体で1万人強いますが、渋谷キャンパス再開発以前とあまり変化はありません。それにもかかわらず教室稼働率が高くなっているのは、学生の出席率が変化しているからです。私の在学中の話ですが、必ずしも出席状況がよい学生だけではなかったのです。しかし、現在は学生の出席意欲が高まり、また、カードリーダーで出席を管理していることもあって、実感としては教室の稼働率がとても高くなっているため、全体で教室面積が狭く感じる結果になっています。

また、２００5年当時は、就職の氷河期でして「超」はつかないのですが、就職率が68・６％

であり、就職希望学生の7割弱しか就職できなかったのです。これに対して14年の就職率の実績は94％で、就職状況が好転しています。以上が、20年前との比較からみた國學院大學の歴史です。

学生と距離の近い大学

続いて、國學院大學を支える組織という面で、いわば経営組織論として國學院大學の経営を考えてみましょう。まず、大学の組織ではなく、国の組織でたとえてみますと、政府つまり内閣があり、他方で国家公務員、とりわけ政府に関わる官僚がいます。さらに、政治家がいてこれらが三位一体となって国民に行政サービスを提供しているわけです。

この視点で大学組織をみますと、佐柳常務理事が指摘したように、役員つまり理事会がトップにありまして、もちろん公務員ではありませんがこの場合国家公務員に対応する職員と、政治家に対応する教員が三位一体で、国民に対応する学生に教育サービスを提供しているわけです。

ただし、教育サービスの提供といっても、基本的には教員から皆さんへ、こうした授業をはじめとするサービスを提供する流れになりますが、他にも、職員側からさまざまなサービスを提供しています。例えば、間接的に課外講座を用意したり、キャリアサポートを中心とする就職支援や、課外活動、クラブ活動の支援などの間接的なサービスが多くあります。

先ほど佐柳常務から、皆さんは大切なお客様だという話がありましたが、職員の立場から別のいい方をしますと、決してお客様というだけでなく、「國學院大學をつくる構成員」であるとの認識も持っていただきたいのです。國學院大學は、教員や職員は皆さんとの距離が近い大学、学生のことが大好きな大学と日ごろから感じています。だからこそ、経営学の授業をいろいろやっているにせよ、他大学とは異なって、こうやって大学経営者が直接に教室に来て講義をしています。その意味では、理事会、教員、職員の大学組織と、学生との距離は確かに近い証拠なのです。

ちなみに、皆さんは國學院大學をつくる構成員の一人であると話しましたが、２０１４年の夏には、「学生リアル調査」と称する大規模アンケート調査を実施しました。約1万人の学生のうち５０００人と約半数の学生が回答しております。この調査では、さまざまな学生の意見が集まりました。

実はこれら学生の意見を集めただけでなく、意見に対応してきました。例えば、3号館の1階の食堂の入口の脇に学生ホールがありました。従来は奇妙な形のソファを設置していたのですが、２０１5年3月に新しい可動式のテーブルやイスに入れ替えて、学生たちが自由に勉強したり食事したりするスペースに変えました。これはそういったスペースが少ない、という学生の意見を受け止めて現実の学生のキャンパス生活に反映させたものです。この入れ替えで学生はグループでも一人でも、自由自在にスペースを使用できるようになりました。実際に、常に多くの学生がこのスペースを有効に活用できています。これは大学側が変えたのではなく、大学をつくっている学生の声が施設を変えたのです。他にも、全館ウォシュレットを設置したり、5号館にはパウダールームもあります。これらは実は他大学では類をみない設備状況ですが、これらも「学生リアル調査」の学生の声がきっかけとなった結果なのです。

学生の変化と入学者の現状

先ほど少しだけ話した学生数について改めてもう少し詳しく分析してみましょう。例えば、2005年から14年までは、大学全体の学生数は、1万人を割ったり超えたりと若干の変動があったにせよ、約1万人とほぼ横ばいで推移してきました。

しかし、その内訳をみると、2013年に女性の学生の割合が初めて4割を超えたことは変化の一つです。再び私の経済学部の学生時代の話をしますと、現在よりも1クラスの人数が大きく60人くらいのクラスでしたが、そのうち女子学生はだいたい2人程度でした。しかし近年は4割を超えているので、この教室もそうですが、かなり女性の学生が目立っています。男女比の変化は特徴的です。

学生数の話で一つ加えておきたいのは、定員に関する事実です。２００５年当時、私立大学の中で学生定員を満たしていない大学は、約４％でした。しかし、その後、入学生のマーケットがどんどん縮小してきまして、14年の定員割れの私立大学の割合は46％まで上昇しています。もちろん、先ほど話したように、國學院大學は定員以上の学生が在籍していますので、定員割れを発生させていません。しかしながら、業界全体で見れば、特に地方の私立大学が顕著ですが、学生定員を確保できない非常に厳しい経営状況になっています。

この点に関して、18歳人口の動向がほぼ大学入学者のマーケットということになりますが、２００５年には約１７７万人だったのが、15年には約１２０万人と20年間で50万人も減ってきています。ただし、大学の入学者数は、05年が約57万人、15年が61万人とあまり変わってはいない。私は１９６８年生まれでいわゆる団塊の世代２世と呼ばれ、大学入学当時２３６万人の18歳人口がありました。つまり現在の２倍近くですが、大学進学者は約33万人で、現在の約半分だったのです。

ここでポイントとなるのが、大学と短大の収容力を足した大学収容力です。大学収容力の推移をみると、昭和の後半には徐々に減ってきて60％台だったのですが、１９９１年から上昇に転じて右肩上がりとなり、現在93％となっています。

18歳人口が減少しているのにもかかわらず、文部科学省の方針として、１９９1年には、先ほど佐柳常務理事が説明したような厳しい大学設置基準をある程度まで各大学に裁量を委ねながら緩和する施策を出したため、収容率は急増しました。しかし、一方で進学率や現役生徒の志願率は横ばい状態ですから、現状で定員割れ大学が46％という厳しい経営状況になっています。

したがって、文部科学省も大学間の連携を推奨していますが、実際に始まりつつある学校法人間の吸収合併や、最悪の場合には、学校法人が倒産しているケースもあるわけです。

他方、大学入学者のマーケットを考えるためのもう一つの指標は志願者数です。２０１5年度の入試に関しては、2年連続で近畿大学が11万人以上の志願者を集めて全国の私学約６３０校の中で日本一となっています。國學院大學の15年度の志願者数は2万人超と全国で33位でして、最近10年間は2万人前後で推移しており、安定した志願者確保を実現しております。

格付「AA」の大学として

次に、いわば経営財務論といってよろしいかと思いますが、國學院大學の財政という点で話をいたします。まず、財政の規模としましては、学費が学生一人１００万円として計算いたしますと、1万人の学生がおりますので、1年間１００億円プラスアルファの収入があることになります。もちろん、人件費、教育研究費などの支出はこの収入でまかなうのですが、実際に配分したり支出手続きを進めたりするのが私のいる財務部であります。

さて、國學院大學の財務面で見逃せない特徴は、財務状況の審査を受けていて高い格付であるという点です。具体的には國學院大學はＡＡ（ダブルエー）の格付であり、同じ大学業界で言えば、他大学でＡＡは、法政大学や東洋大学などです。もっと上位のＡＡＡならば東京大学、逆に一つ下位のＡならば二松学舎大学などが該当します。

当然、企業にも財務審査による同様の格付がありまして、例えば、ＡＡＡは東京ガスとかＮＴＴドコモ、國學院大學と同じＡＡでは、三井不動産、三菱地所、オリエンタルランドなどがあります。Ａであれば、ソニーとかＨ．Ｉ．Ｓ．、もう一つ下位のＢＢＢであれば、コスモ石油、タカラトミー、パイオニアなどです。つまり、國學院大學の財務状況は非常に安定的であると、外部機関から評価されております。

なお、最後に総資産でも國學院大學らしい特徴があることをお話します。２０１４年度末の総資産は約１１４０億円でして、この総資産の中にはこの校舎であったり、あるいは預貯金もありますが、その中には図書資産も含まれております。この図書資産が総資産に占める割合を算出した結果、國學院大學は、慶應義塾大学の11・２％に次いで第2位の９・５％という位置になります。第3位以下には早稲田大学、明治大学、立教大学、中央大学、青山学院大学、日本大学など錚々《そうそう》たる大学が続いておりますが、それらを押さえての第2位は素晴らしい特徴だと思います。國學院大學には「本でできた大学」というキャッチコピーがありますが、その裏付けであり確固とした事実なのです。

なお、國學院大學の学生一人当たりの総資産も算出したところ、再び慶應義塾大学に次ぐ第2位ということになっています。

さて、以上、財務部の私からお話をさせていただきました。財務部とは要するに、経営の3要素といわれる、ヒト、モノ、カネのうち、モノとカネを動かしたり管理したりしている組織なのです。最後に、再び、佐柳常務理事が授業のまとめをお話します。

（中村大介）

一丸となって伸びてゆく國學院大學

今後の國學院大學の課題ということでは、先ほどお話した、教学に関する基本目標を達成することになります。これは國學院ブランドの確立、個性ある教育と研究を提供して推進していきます。またグローバル化に対応する、それに貢献できる人材を育成します。その基本目標を実現するために、個性ある大学づくり、競争力ある大学づくり、グローバル化への対応について理事会としてはサポートしながら一所懸命努力するということであります。

私は、大学というのは研究や教育の品質を保証するためにお金がかかりますから、健全な財政なくして健全な経営なし、ということが一番大事ではないかと思っております。それを肝に銘じて大学の運営に当たるわけですが、極めて公共性の高い組織であることを、教職員、経営者ども、常々意識しなければなりません。

大学の「永続性」「確実性」「公共性」の話をしましたが、加えて「透明性」についても大切な要素であります。ステークホルダー、つまり皆さん学生、ご父母の方々、教職員を含め大学や学校に関係する皆さんに対して、経営の不透明な部分があってはならない。すなわち、積極的に情報を公開する、開かれた大学にしていくことを心がけております。

さて、皆さんは今後、いろいろな会社や組織に就職していくと思います。國學院大學の場合には、どういう人材を求めているかをいいますと、高等教育政策への深い知識、専門的な知識を持った人材が必要であると思います。

例えば、学生確保や教育研究の理解、キャリアサポートなど就職支援などの専門性です。さらには、企画力や財務の知識、マネジメント力をあわせ持った人材が必要です。この教室に事務局職員たちが聴講に来ていますが、例えば、國學院大學の経理課長は教育学の修士を修了していますし、単なる事務能力では立ち行かなくなります。

大学職員を希望する人たちは非常に多くて、國學院大學も募集していますが、毎年数百人に上る応募者が来ます。これに対して採用するのは多くて6、7人というところです。応募者の多くは応募動機について大学経営の安定性を重視するわけでして、大学が公開している資料や教育研究の計画、レポートなどを分析してきて國學院大學で働きたいという人は少ないわけです。大学には、就職関係、教務関係、学生関係、入試、広報、もちろん財務などさまざまな分野がありますが、いまや専門的な能力がないと仕事ができません。どうか皆さんの中から優秀な方を迎えることができればと考えています。

さて、私の話ももう終わりですが、その前に少しだけ、せっかくの機会なので、渋谷の再開発にまつわる話をしておきます。この渋谷キャンパス再開発事業は、創立120周年記念事業として出発しまして、130周年記念事業としても5号館を建設したわけです。しかし、最後に国際交流関係の施設の建設が残っています。

実は、これらの背景には1882年の國學院大學の設立時のコンセプトがあります。創立者の有栖川宮幟仁親王が、学生や教職員に対して「およそ学問の道は」と、始まる言葉を発したのですが、最後に、「本学の隆昌を永遠に期せよ」と、つまり、國學院大學が永遠に発展することにみんなで努力せよ、ということをいわれた。この言葉を受けて、つくられたのが、正門を入ったところにある「翔」という手のひらを合わせたような形の石のモニュメントです。

このモニュメントをデザインしたのは、澄川喜一先生で、元東京芸術大学学長で、文化功労者、日本を代表する彫刻家です。國學院大學にあるものと同様のデザインは、実は東京スカイツリーにありますが、いずれもなぜ先がとがって上に伸びている、あの形なのでしょうか。それは、人は寄り添い天に向かって伸びていけ、という願いが込められたものです。

写真１　学内のモニュメント

なお、東京スカイツリーということでもう一つ秘話をお話しましょう。國學院大學３号館の１階レストラン「ＮＡＧＯＭＩ」の人気メニューの一つはご存じの讃岐うどんですが、東京スカイツリーにも同じ讃岐うどんがあります。実は、東京スカイツリーに出店した店の味付けを指導している方がいて、その方に國學院大學が教えを受けているのです。300円前後であの本場の味の讃岐うどんが食べられるのですからありがたいことです。私も大好きになって日頃からよく食べていますので、讃岐うどんを食べている私を見つけたらぜひ声をかけてください。

さて、これまで國學院大學の経営について歴史も含めてお話してきました。大学の経営というものは、大学の歴史をつくっていくのですが、ただ過去の変遷や流動を受け継ぐだけではなく、常に努力して発展させていく責任があります。皆さんも現在、國學院大學の歴史の通過点にいますが、学修したことにとどめるのではなく、自分なりに工夫して努力して発展させていって欲しいのです。私たち國學院大學の経営者は、國學院大學を選んだ皆さんを一所懸命応援します。皆さん、一緒に頑張っていきましょう。

（佐柳正三）

キーワード

○法人

法律によって権利能力を認められた存在としての人。法人は，人の集合体に法人格が与えられた社団法人と，財産の集合体に法人格が与えられた財団法人に大きく分類される。また，法人のうち営利を目的とするものを営利法人（会社など），そうでないものを非営利法人（学校法人，協同組合など）と呼ぶ。

○円高

例えば，１ドル＝150円であった為替レートが１ドル＝100円になった状態をいう。日本企業側の視点からみると，輸出企業は輸出が不利になり業績が悪化し（株価の低下につながる），逆に資源や食料などを輸入する企業にとっては有利な状況になる。消費者にとっては海外旅行に行きやすくなるなどのメリットがある。

○ ICT（Information and Communication Technology）

コンピュータを利用した情報処理・管理をする技術を指すITに加え，その処理した情報の通信技術を合わせたもの。海外ではITよりICTのほうが一般的。

○格付

企業や法人などが発行する債権の元利払いなどが契約どおりに実行されるかどうか，その確実性をアルファベット，符号，数字を組み合わせた記号（AAA，A＋，BB－など）によって表現したもの。格付け機関には，ムーディーズやS＆P（以上米国），日本格付研究所などがある。

○ステークホルダー

企業・行政・NPOなど各種組織の目的，政策，行動に直接的・間接的な影響を与えたり，受けたりする個人ないし集団。利害関係者とも呼ばれる。企業の場合には，株主，消費者（顧客），従業員，債権者，取引先，地域社会，行政機関などが含まれる。

あとがき

本書は國學院大學経済学部で開講されているオムニバス形式の授業「現代の企業経営」において、平成26（2014）年度および平成27（2015）年度にご講義いただいたものの中からいくつかを選んで、文章に書き起こしたものです。収録しました8つの講義の中には、女子プロレス団体や大学の経営といった「異色」のものもあり、「現代の組織経営」ともいえる内容になっています。

「現代の企業経営」は、平成17（2005）年度の「経営学科」の新設に合わせて、「実践から学ぶ経営戦略」というテーマのもとに開講された科目です。そのときのシラバスを書かれた海野潔教授（当時）は、講義の目的と内容を次のように示されています。

本講は、新しい経営学科の理念をより具体化し「教育の現場化」として開設された講座です。日本経済はバブル崩壊後の長い景気低迷期を経て漸く立ち直りの兆しが見られるようになりました。このような長く厳しい日本経済・企業経営環境の中で、経営者はどのような理念を持って、どのような経営戦略を展開してきたのか。また国境を越えた激烈な企業競争が予想される中、どのような戦略で競争優位を構築しようとしているのか。各産業界の経営者として、それぞれの企業経営と日本経済の変革、立て直しに直接かかわり、第一線で活躍されてきた方々を講師として迎え、企業の現場の生の声を自己の経験を交えて講義していただく。

本講は、各界からの貴重な講義を通して、企業経営、経済社会現象に対する自主的な知的関心と、将来日本経済を担う企業人としての豊かな発想を涵養することを目的とする。

平成17年度の「現代の企業経営」では次の方々から「企業の現場の生の声」をお聞きしました（肩書きは当時のもの）。

岡村　亮様（マーケティングコンサルタント／ＪＥＴＲＯ認定貿易アドバイザー）
野田　眞様（株式会社三菱マテリアル建材代表取締役社長）
川上利武様（株式会社島津製作所常務 東京支店長）
大戸武元様（株式会社ニチレイ代表取締役社長）
木下　彰様（木下会計事務所）

土生　哲様（東京ガス株式会社執行役員）
平田恒一郎様（ナイス株式会社代表取締役社長）
田中秀夫様（株式会社エー・ディー・ワークス代表取締役社長）
掛貝幸男様（アサヒビール株式会社財務部副部長）
太田　孝様（日本経済新聞社編集局産業部長）
菅井敏博様（株式会社キャタラー取締役品質管理部部長）

平成18（２００６）年度も企業経営に携わる方々によるオムニバス形式で「現代の企業経営」は開講されました。その後、平成19（２００７）年度および平成20（２００８）年度は海野潔教授による講義型の授業として実施された「現代の企業経営」は、諸般の事情により、平成21（２００９）年度から平成23（２０１１）年度までは休講となっておりました。

しかし平成24（２０１２）年度から再び、新設当初の目的を継承し、茅野信行教授が新たなコーディネーターとして、「第一線で活躍しておられる企業幹部の方々に、ゲスト講師として登壇願い、それぞれの立場から、企業経営を取り巻く環境変化、それに対する企業の対応、経営戦略などについて話していただく」オムニバス形式の講義として、再開しました。平成26（２０１

4）年度からはコーディネーター役を本田一成教授にバトンタッチし、平成27（2015）年度に受け継がれました。そして平成26（2015）年度からは、シラバスに書かれた次の「講義の内容」にあるように、現実の企業経営を知ることに加え、その知識を本学教員による講義によって理論と歴史の面から整理することも付け加えられました。

この講義は、会社やほかの組織を運営している経営者や管理職の方々を講師に招き、現実の経営について、事例をまじえたお話をうかがう。

講師がそれぞれの立場から、経営の現場で普段取り組んでいることや、成功例や失敗例、さらに目指していることなどを知ることで、経営学を理解してほしい。しかし、現実がわかったというだけではつまらない。外部講師だけでなく、本学専任講師や兼任講師にも要所で登壇してもらい、学んだ事実の法則や歴史などを総合して考えることとする。

こうした現実の経営、それを理解するための理論と歴史の学びに加えて、受講する学生たちは、ご講演いただく方の、仕事への情熱やプロフェッショナルとしての生き方、利益の追求だけにとどまらず、それぞれの組織での仕事を通じて社会や人々を幸せにしたいという強い思いを感じているようです。つまり、「現代の企業経営」は、経営学という範疇を超え、学生たちが自らのキャリア形成を考え、卒業後の人生に希望の光を見い出させることにつながる講義となっています。「現代の企業経営」を受講する学生数は５００名を超えますが、その「人気」の秘密は、この点にあると考えています。

業界、業態、組織形態、規模等を異にする企業・組織の経営されている方々による、それぞれの講義には必ず私たちを元気づけるメッセージや言葉があります。「行動ＭＡＸ？　汗かいてる？」「未来を切り拓く」「社会問題へ立ち向かえ」「変化対応力ある強い人になってほしい」「行動しなければ何も始まらない」「いま一度 Why に立ち返る」「チャレンジあるのみ」「人に寄り添い天に向かってのびていけ」。

本書が國學院大学生のみならず多くの人々に読まれ、現代の企業・組織経営について知るだけでなく、生きていくための元気や勇気、そして希望を見い出していただければ幸いです。

本書は、平成27（２０１５）年の國學院大學経済学部経営学科開設十周年を記念する事業の一つとして企画されました。平成26年・平成27年「現代の企業経営」のコーディネートをいただき、本書の編集にご尽力いただいた本田一成教授、そして経済学部の教育活動のためにご講義いただいたすべての講師の方々に心より御礼を申し上げます。

平成28（2016）年2月14日

國學院大學

経済学部長　尾近裕幸

兼元謙任（かねもと　かねとう）

株式会社オウケイウェイヴ代表取締役社長。1966年名古屋市生まれ。愛知県立芸術大学卒。学生時代から仲間を募って人的ネットワークを作り，さまざまなデザインワークを行う。株式会社 GK 京都，株式会社ダイワ，株式会社イソラコミュニケーションズを経て，株式会社オウケイウェイヴの前身，有限会社オーケーウェブを1999年に設立し，2000年に Q&A サイト「OKWAVE」を正式公開。
主な著書に，『グーグルを超える日』（ソフトバンク クリエイティブ），『ホームレスからのリベンジ』（小学館）などがある。

コマンド・ボリショイ（こまんど　ぼりしょい）

JWP 女子プロレス選手代表。大阪市生まれ。生年月日は不明。ジャパン女子プロレスで1991年にボリショイキッド，92年にコマンド・ボリショイとしてデビューし，「小さな巨人」と呼ばれる。現在は旗揚げに参加したＪＷＰ女子プロレスに所属するトップレスラーであり，キャリア25年を誇る。
2016年に『女子プロレスラーの闘う，カラダ。』（ザメディアジョンエデュケーショナル）を刊行した。CD デビューし，「雨のち晴れ」など音楽活動でも活躍中。

佐柳正三（さなぎ　しょうぞう）

学校法人國學院大學常務理事。1945年香川県生まれ。68年３月，國學院大學法学部卒。総合学生センター事務部教務担当部長，事務局長を経て，現職。

中村大介（なかむら　だいすけ）

國學院大學財務部次長。1968年香川県高松市生まれ。91年國學院大學経済学部経済学科卒業。99年日本私立大学連盟学生部会第一分科会委員。同年財務部管財課に配属。2009年４月より管財課長，13年４月より現職。

▨執筆者紹介（掲載順）

吉田真由美（よしだ　まゆみ）

株式会社吉田矢代表取締役。1972年東京都生まれ。國學院大學卒業後 NKB 入社。新卒 1 年目に社内ベンチャーでグルメ検索サイト「ぐるなび」を立ち上げ，上場し，4 人から1500人を超える規模に成長する。勤続20年の節目に円満退社。現在に至る。

また，地方の休眠施設をスポーツとインバウンドで活性化する株式会社 R.project の取締役として新たな挑戦をしながら，心理カウンセラーとしても活動中。

中里研二（なかざと　けんじ）

SHIBUYA109ブランド統括部部長。1969年生まれ。法政大学文学部卒業。92年 4 月に東急百貨店入社，同月ティー・エム・ディー（現東急モールズデベロップメント）に出向。97年からテナント企画部として約14年リーシング業務を行い，2011年 4 月「SHIBUYA109 ABENO」（大阪 阿倍野）の総支配人を経て，13年 1 月「SHIBUYA109」総支配人に就任し，現在に至る。

横尾俊成（よこお　としなり）

NPO 法人グリーンバード代表，港区議会議員（無所属）。1981年神奈川県横浜市生まれ。早稲田大学大学院，広告会社の博報堂を経て，現職（HP：http://www.ecotoshi.jp　Twitter：@ecotoshi）。
著書に『「社会を変える」のはじめかた』（産学社）。第 6 回・第10回マニフェスト大賞受賞。月刊『ソトコト』で「まちのプロデューサーズ」を，『日経カレッジカフェ』で「僕ら流・社会の変え方」を連載中。

米田幸正（よねだ　ゆきまさ）

大王製紙株式会社社外取締役，一般社団法人日本介護事業者連合会顧問，Japan Health Incubate Senior Advisor & Incubator，他数社の戦略アドバイザー等。1950年福岡県北九市生まれ。 北九州市立大学外国学部米英学科卒業。伊藤忠商事を経て，CFS コーポレーション株式会社代表取締役社長，ピジョン株式会社国際事業担当常務取締役，スギホールディングス・スギ薬局株式会社代表取締役社長，エステー株式会社取締役・代表執行役社長を歴任。

海内美和（あまうち　みわ）

海内工業株式会社代表取締役社長。1982年生まれ。2006年慶應義塾大学商学部卒業。同年スパークス・アセット・マネジメント株式会社入社。08年11月，リーマンショックをきっかけに，半世紀続く精密板金工場（海内工業株式会社）の立て直しを志し入社。営業業務部長兼取締役を経て，15年10月より現職。「進化する町工場」として，日本が誇る職人の技を活かすべく新しい試みに挑み続けている。

■組織《そしき》マネジメントのリアル
—白熱教室「現代の企業経営」—

■発行日——2016年 4 月26日　初版発行　〈検印省略〉

■編　者——國學院大學経済学部《こくがくいんだいがくけいざいがくぶ》

■発行者——大矢栄一郎

■発行所——株式会社 白桃書房《はくとうしょぼう》
〒101-0021　東京都千代田区外神田5-1-15
☎03-3836-4781　FAX03-3836-9370　振替 00100-4-20192
http://www.hakutou.co.jp/
■印刷／製本——亜細亜印刷株式会社

ISBN 978-4-561-25678-6 C3034